Du tag au *like*

Olivier Le Deuff

Collection « Entreprendre », dirigée par Florence Devesa
Édition : Florence Devesa
Imprimé en France sur les presses de l'imprimerie France Quercy

ISBN : 978-2-916571-82-9

contact@fypeditions.com
www.fypeditions.com

éditions fyp

Cet ouvrage a reçu le soutien du Conseil régional
du Limousin et de la DRAC du Limousin.

Du tag au Like

Olivier **Le Deuff**

La pratique des folksonomies pour améliorer ses méthodes d'organisation de l'information

éditions fyp

Sommaire

Introduction

Du pouce à l'index

Quel usager n'a pas cliqué sans trop y réfléchir sur l'icône d'un pouce levé pour dire qu'il appréciait le statut d'un ami sur Facebook ou, au contraire, dire qu'il n'appréciait pas une vidéo sur YouTube ?

Cette pression rapide sur un simple bouton dissimule une réelle complexité. Cette réaction instantanée, assimilable à celle du pouce levé vers le ciel ou dirigé vers le sol pour décider du sort des gladiateurs dans l'arène, s'inscrit dans une histoire beaucoup plus longue. L'histoire de ce pouce est en fait celle d'un autre doigt : l'index.

Cet ouvrage replace le *like* dans la lignée de l'indexation, opération qui vise à décrire le contenu d'une ressource ou d'un document par des mots-clés[1]. Le like appartient au phénomène des folksonomies dans une forme dégradée. En effet, ce simple clic de souris sur une icône « j'aime » est le résultat d'une dégradation. Il s'agit de la dissolution progressive

1. Mots-clés que les professionnels de l'information et de la documentation nomment souvent descripteurs.

du fait de pouvoir ajouter des mots-clés à une ressource jusqu'à la manifestation de sa plus simple expression – une dualité entre « j'aime » et « j'aime pas ». Il correspond à une forme primitive, enfantine, que symbolise d'ailleurs bien le pouce. C'est un peu comme si l'écriture était ramenée à sa plus simple expression, celle d'une trace rapidement esquissée.

Cette expression du like vise d'ailleurs à plébisciter non seulement une ressource, un lien, une vidéo, mais aussi, par ricochet, l'auteur ou le dépositaire de la ressource. Le like est ainsi une forme de célébration de la popularité et une mise en avant de l'individu. Un simple signe pour marquer l'individu ; une marque à double sens, tant il s'agit pour certains de construire une stratégie marketing sur l'expression de l'individu.

Cet ouvrage se place résolument dans une autre perspective : plutôt que d'échafauder une « image de marque », il s'agit de pouvoir retrouver ses marques ; des marques comme les cailloux du Petit Poucet... Mais faut-il encore savoir les placer, puis les retrouver sans se les faire voler et surtout, être capable de dire où ils vous conduiront à la fin. Que ce soit pour revenir sur ses pas ou pour construire de nouveaux parcours, les folksonomies[2] sont aussi une quête de sens. Sens, car il s'agit de sémantique : quelles significations donner à tous ces *tags*, sachant que beaucoup peuvent être sujets à double sens, faux-sens voire contresens ? Sens, parce qu'il convient de s'interroger sur la direction à donner à toutes ces actions de taguage, d'annotation, de commentaires et d'expression, que ce soit au niveau individuel, mais également sur le plan collectif et collaboratif.

2. Une folksonomie, ou indexation personnelle, est un système de classification collaborative décentralisée spontanée, basé sur une indexation effectuée par des non-spécialistes. Source : Wikipédia.

Le lecteur trouvera donc ici des réponses à l'utilité des tags : en quoi ils peuvent lui être utiles, comment il peut mieux s'en servir pour son bénéfice personnel, mais également comment il peut développer des moyens pour s'inscrire dans une démarche collaborative.

« L'homme ignorant l'avenir, l'esprit marche dans les ténèbres » déplorait René Char. Pour parvenir à une utilisation raisonnée de la somme d'outils désormais à sa disposition, l'usager éclairé doit se resituer dans une histoire plus longue. Après une mise au point sur l'histoire de l'indexation et des métadonnées, le lecteur pourra mieux comprendre ce que sont les folksonomies, les tags et les outils et plateformes qui permettent de taguer. Accompagnant l'évolution du web et constituant une part importante du développement du web 2.O, les folksonomies participent de la personnalisation de l'information avec, notamment, les signets sociaux qui font le lien entre l'échelon individuel et les espaces collaboratifs dont le développement permet d'envisager la formation de biens communs.

Seulement, ces atouts pour améliorer la gestion, le traitement et le partage de l'information contrastent avec le fait que se développe parallèlement une indexation des individus et de leurs actions sur les réseaux. Le *like* est un exemple de cette dérive.

Les folksonomies ont été sur le devant de la scène en même temps que l'apparition du web 2.0. En 2005, consacrées comme une des meilleures idées de l'année par le *New York Times*, elles ont connu un fort succès et ont suscité espoirs, critiques et débats. Sept ans après, quel bilan est-il possible de tirer ?

Ce livre cherche à montrer que l'heure n'est plus à l'euphorie, mais davantage à de nouvelles évolutions et transformations. Le phénomène est clairement à replacer dans une histoire plus longue au-delà des discours « pro » ou « anti » folksonomies.

Le but de cet ouvrage est de donner au lecteur une culture technique et « folksonomique » qui lui permette de mieux cerner les effets produits par le fait de taguer ou de cliquer sur un bouton « like ». L'enjeu est d'éviter de voir l'individu réduit à un « document » consultable par les industries de services et les publicitaires qui tentent d'indexer nos actions pour leur en donner un sens et ainsi, mieux cibler leurs offres. Il s'agit de permettre à l'individu de savoir comment, dans cet environnement numérique, parvenir à être un individu conscient et informé, un homme « bien documenté ».

Chapitre 1

Histoire de l'indexation et des métadonnées

Impossible de parler des folksonomies sans évoquer l'histoire de l'indexation et des métadonnées, ces fameuses données sur les données dont peu savent réellement ce qu'elles sont, si ce n'est des professionnels de l'information avertis.

1- L'indexation

L'indexation est un processus destiné à représenter, au moyen des termes ou indices d'un langage documentaire ou au moyen des éléments d'un langage libre, les notions caractéristiques du contenu d'un document (ressource, collection) ou d'une question, en vue d'en faciliter la recherche, après les avoir identifiées par l'analyse[3].

3. *Cf.* l'article « Indexation » dans la rubrique « Vocabulaire de la doc » sur www.adbs.fr.

L'indexation est liée à la recherche d'informations et donc au gain de temps qu'elle peut rapporter dans cette recherche. Elle est le produit d'une analyse documentaire qui consiste à traiter le document pour le rendre plus accessible aux lecteurs potentiels en les guidant dans leur choix par rapport à leur recherche et leur besoin d'information. Il s'agit d'une « opération intellectuelle visant à identifier les informations contenues dans un document ou un ensemble de documents et à les exprimer sans interprétation ni critique, sous une forme concise et précise telle qu'un résultat d'indexation, un résumé, un extrait. Le but en est de permettre la mémorisation, le repérage, la diffusion ultérieure des informations ou du document source[4] ».

L'indexation s'est améliorée progressivement au fur et à mesure des avancées des dispositifs d'écriture et de lecture. L'écriture en pictogrammes est ainsi une forme de description et d'indexation du réel. Mais l'aide-mémoire dans les premières écritures n'est utile qu'à celui qui l'a constitué. Plus tard émergeront l'idéographie et la conversion alphabétique qui faciliteront l'écriture et son caractère transmissif. Puis il s'agira de se doter de repères et de moyens de mémoriser. La « liste » apparaît rapidement comme le moyen le plus efficace de traiter l'information et de la mémoriser.

2- La liste

L'indexation peut émerger sous forme de listes en tant que dispositif d'organisation de l'espace. La liste trouve sa place parmi des colonnes. La logique est celle du calcul et, notamment, du dénombrement. La liste est un instrument de « pou-

4. *Cf.* l'article « Analyse documentaire » dans la rubrique « Vocabulaire de la doc » sur www.adbs.fr.

voir » plutôt que de « savoir ». Jadis, elle permettait aux scribes égyptiens de mesurer les productions agricoles et d'établir l'impôt en conséquence. Ensuite, elle permit d'établir des catalogues d'ouvrages présents dans les bibliothèques. La bibliothéconomie et la documentation ne cesseront d'améliorer catalogues et systèmes de classements.

Les premiers catalogues grecs de bibliothèques, tels ceux établis par Callimaque[5], étaient réalisés de manière moins rigoureuse qu'un traitement documentaire effectué aujourd'hui par des professionnels. L'ordre établi ne suivait aucune règle précise, si ce n'est le rythme de lecture du poète. Il s'agissait alors de produire une forme de synthèse des connaissances.

De plus, les ouvrages étaient des *volumen*, c'est-à-dire des rouleaux de papyrus peu pratiques[6]. Le papyrus jugé trop friable et peu facile à transporter sous peine de dégradation va laisser place au parchemin, un matériau issu du monde animal[7]. Ensuite, un nouvel objet technique verra le jour qui va permettre le développement de l'indexation : le *codex*. Il correspond à ce que l'on désigne plus couramment sous le nom de livre. Le codex est plus pratique, plus propice aux commentaires et aux *scholies*[8], ces notes marginales. Les repères dans le texte peuvent mieux s'organiser autour de chapitres et de rubriques. Les listes type catalogues se perfectionnent ensuite avec des listes d'auteur, de titres et d'*incipit* (début de l'ouvrage) et surtout, grâce au *codex* qui facilite la pagination et les classements par ordre alphabétique. La table des matières fait son apparition, mais les

---

5. Callimaque était un poète grec (env. 305 av. J-C – 240 av. J-C). Enseigant et bibliothécaire à Alexandrie, il rédigea le premier catalogue de la littérature grecque.

6. Albert Labarre, *Histoire du livre*, PUF, coll. « Que sais-je ? », 2001, p. 12.

7. Des codex en papyrus ont quand même existé.

8. Les *scholies*, qui désignent des notes présentes dans un manuscrit, sont d'ailleurs la manifestation et la matérialisation de la capacité d'étude, la *skholé*.

renvois aux pages sont peu efficaces à cause des différences de pagination entre les copies. Le texte est alors découpé en paragraphes classés selon un système alphabétique – ce dernier suscitera des débats afin de savoir s'il est compatible avec l'ordre divin.

L'indexation est liée à l'écriture, mais elle est également indissociable de la lecture puisqu'elle doit faciliter et signaler ce qui mérite d'être lu. On ne s'étonnera donc pas qu'Hugues de Saint-Victor, philosophe et théologien mystique du XIIe siècle et auteur de *Didascalicon, de studio legendi* (un art de lire, de se cultiver) fut un de ceux qui améliora le traitement et l'organisation des manuscrits[9]. En effet, Hugues de Saint-Victor réorganise l'espace de la page pour permettre une lecture studieuse et silencieuse alors que la tendance était à la lecture oralisée.

3- L'index

Le besoin de retrouver très vite l'information (*statim invenire*) prend de plus en plus d'essor à l'époque médiévale, notamment avec les frères prêcheurs et les ordres mendiants. Ayant la possibilité de citer facilement des passages de la bible, ces derniers se déplacent avec leurs ouvrages bibliques pour pouvoir convaincre et éclairer les personnes qu'ils rencontrent. Pour cela, il faut créer des listes de mots-clés organisés : les *index*.

L'indexation s'améliore peu à peu durant le Moyen Âge. Ainsi on peut citer le travail de Jean Hautfuney, prêtre avignonnais, qui réalise vers 1380 l'indexation d'une œuvre en plusieurs volumes qui connut un fort succès 80 ans après sa

9. Ivan Illich, Du lisible au visible. Sur l'Art de lire de Hugues de Saint-Victor, Éditions du Cerf, 1991.

première publication : le *speculum historiale* de Vincent de Beauvais. L'objectif était de réaliser une table pour le lecteur rapide et intelligent (*diligens et intelligens lector*) afin qu'il puisse retrouver l'information qui l'intéresse avec les renvois associés. Près de 5 800 mots-clés ont ainsi été recensés pour retrouver des passages faisant référence à la vie des Saints, à des miracles, mais aussi à des éléments plus conceptuels comme la sagesse. Hautfuney envisagea déjà les problèmes de synonymie et conçut « un important thesaurus de concepts, ceux-là mêmes qu'un utilisateur du quatorzième siècle cherchait d'abord[10] ».

L'imprimerie va bien sûr faciliter « l'ordre du livre », mais une partie des structurations sont déjà en place. Au XVIe siècle, les premières bibliographies constituées apparaissent avec notamment le travail colossal du bibliothécaire zurichois, Conrad Gesner (1515-1565) qui répertorie ainsi 16 000 œuvres, la plupart en latin, grec ou hébreu. Gesner prévoit que sa bibliographie puisse constituer une forme de catalogue pour les bibliothécaires ou les bibliophiles. Ces derniers n'avaient pu qu'à noter sur leur exemplaire la référence – c'est-à-dire la cote – de l'ouvrage tel qu'il était classé dans leur propre bibliothèque. L'ordre repose sur une logique qui est celle de l'ordre alphabétique des prénoms de l'auteur[11].

La bibliothèque du Duc Auguste de Brunswick-Lunebourg[12], la plus grande du monde au XVIIe siècle, est également intéressante, car ce collectionneur établit lui-même son propre catalogue, tandis que la tendance était plutôt de

10. Monique Paumier-Foulcart, « Jean Hautfuney, Tabula super Speculum historiale fratris Vincentii », in *Spicae, Cahiers de l'Atelier Vincent de Beauvais*, Nouvelle série 2, 1980, p. 19-263.

11. Ces formes anciennes se retrouvent parfois encore dans certains index. C'est notamment le cas de l'ouvrage d'Etienne Gilson sur la philosophie médiévale. Cette technique de classement nous paraît peu efficace actuellement.

12. Schneider Ulrich Johannes, « Quel système de savoir ? Du "jardin des livres" de la bibliothèque du duc Auguste au catalogue de Leibniz », *Matériaux pour l'histoire de notre temps*, 2006-2, n° 82, p. 8-14.

confier la bibliothèque du mécène à un érudit. Il établit un système classificatoire et des cotes qui sont également liées au format des ouvrages à des fins d'économie d'espace. Ce catalogue sera ensuite nettement amélioré par le philosophe Leibniz (1646-1716) qui lui succèdera en tant que bibliothécaire. Une carrière professionnelle qu'il mènera d'ailleurs pendant 40 ans. Sa rencontre avec Gabriel Naudé, le bibliothécaire de Mazarin, auteur de l'ouvrage *Advis pour dresser une bibliothèque*, rédigé en 1627, l'incite à constituer une bibliothèque universelle qui couvre tous les savoirs. Leibniz s'intéressa beaucoup aux travaux de classification et d'indexation et déplorait justement le manque de mots-clés dans les descriptions bibliographiques[13].

En 1682, le bibliothécaire Adrien Baillet conçut pour Chrétien-François de Lamoignon un catalogue alphabétique en 32 volumes contenant un index élaboré avec des renvois et des règles d'usage. Adrien Baillet, également connu comme biographe de Descartes, est l'auteur d'un ouvrage publié anonymement qui donne la véritable identité des auteurs qui usent de pseudonymes[14]. Comme quoi les problèmes de l'anonymat régulièrement dénoncés à propos du web ne sont pas nouveaux !

La fin du Moyen Âge voit apparaître la pratique des « lieux de communs » qui vont se développer durant la période moderne. Les « lieux communs » sont des cahiers réalisés par des étudiants où on retrouve un amalgame de prises de notes issues de lectures ou réalisées durant les cours. Ces compilations de cours, de citations, d'idées glanées ici

13. Sur ces aspects, voir le texte de Jacques Messier, « Un bibliothécaire parmi les humanistes : Gottfried Wilhelm Leibniz (1646 – 1716) », avril 2007, disponible sur papyrus.bib.umontreal.ca.

14. « Auteurs déguisés sous des noms étrangers, empruntés, supposés, feints à plaisir, chiffrés, renversés, retournés, ou changés d'une langue en une autre », vol. in-12. *Cf.* l'article « Les auteurs déguisés par Adrien Baillet (1690) », sur Le-bibliomane.blogspot.fr.

ou là font parfois penser aux actuels signets sociaux. Certains utilisateurs organisent au mieux leurs « lieux communs » et développent des moyens mnémotechniques pour retrouver des éléments ultérieurement. La frontière entre érudition, pensée nouvelle et envie de briller en public devient parfois difficile à distinguer. D'autres auteurs poussent la pratique jusqu'à en faire des ouvrages à part entière. En effet, les *Essais* de Montaigne sont une forme plus élaborée de « lieux communs », offrant une sorte de synthèse qui s'apparente à une œuvre nouvelle.

La technique des index n'a pas toujours été bien appréciée. Les critiques sont nombreuses, notamment de la part de ceux qui considèrent que privilégier une lecture segmentée, calculée qui brise la cohérence de l'œuvre, peut s'apparenter à une forme de violation de l'œuvre. Certains auteurs vont jusqu'à les refuser, c'est le cas de Jean Pierre Camus, pour le volume 5 de ses *Diversitez*, paru en 1610. Il déplore ces tables qui selon lui favorisent la paresse. L'index y est décrit comme un « instrument de stupidité ». Il enjoint alors le lecteur à une lecture intégrale afin que ce dernier réalise lui-même son propre travail de sélection. À l'inverse, d'autres auteurs plaident en faveur de l'index. La table et l'index apparaissent parfois comme des moyens d'offrir un ordre à un ouvrage qui manque de rigueur.

L'indexation a évolué fortement au cours du XXe siècle, si bien qu'on dénombre plusieurs formes d'indexations. Les principales sont recensées sur le schéma page suivante.

Les différents types d'indexation

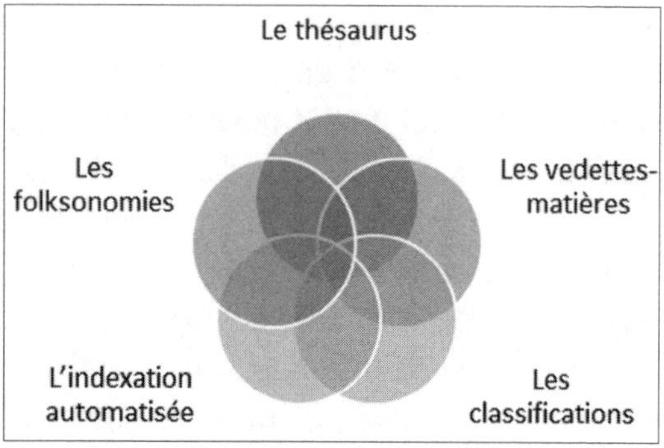

Les thésaurus[15] sont des langages élaborés pour indexer les documents de manière efficace, cohérente et ordonnée dans les centres de documentation ou dans les organisations. Ils couvrent généralement un domaine de savoir même s'il existe des thésaurus généraux. En bibliothèque, on utilise fréquemment les « vedettes-matière » pour indexer les monographies. Les classifications cherchent à structurer les savoirs et les connaissances en grandes catégories et en arborescence, en attribuant des indices au document et, en même temps, tentent de résoudre la question du classement physique.

Quant à l'indexation automatisée, elle opère une indexation par traitement informatique. Son champ d'application et ses procédés sont en constante amélioration – même s'il reste encore pas mal de progrès à faire notamment sur des corpus audiovisuels.

• *La mise à l'index*

Étymologiquement, l'indexation renvoie au fait de désigner et de montrer du doigt. Ce qui s'explique par le fait qu'un index était parfois dessiné pour indiquer un passage

15. On devrait dire *thesauri* si on était un latiniste rigoureux.

important à lire dans un manuscrit. C'est pour cette raison que les liens hypertextes sont signalés de cette manière, par l'index indiquant l'endroit où il faut cliquer.

Mais cette désignation peut être négative et peut conduire l'auteur de propos jugés licencieux ou irrévérencieux à être justement « mis à l'index ». L'indexation en tant qu'opération de désignation concerne autant les documents que leurs auteurs. Ainsi en 1565, Pie V promulgue l'*Index librorum prohibitorum*, un catalogue des livres interdits par l'église catholique. Ce travail de distinction de l'hérésie avait commencé une dizaine d'années plus tôt avec Pie IV répondant à une injonction de l'Inquisition[16].

Deux courants s'opposent alors : l'un privilégie la vérité et l'accès à l'information, l'autre cherche l'erreur et la traque pour mieux la dénoncer et la juger. Ces deux tendances sont bien représentées dans *Le Nom de la rose* d'Umberto Eco avec d'un côté, Guillaume de Baskerville, moine franciscain qui est une référence à Guillaume d'Ockham et qui mène l'enquête pour comprendre la vérité et, de l'autre, le dominicain Bernard Gui, auteur du manuel de l'inquisiteur, qui traque les hérétiques. Ce double visage de la recherche d'informations et de la connaissance et de son indexation demeure encore actuellement. À l'évidence, ce côté obscur se retrouve aussi dans les actions que nous effectuons sur le web. Récemment, le cinéma a bien mis en avant l'influence des pratiques d'organisation des connaissances sur le fichage et le classement des personnes et notamment des criminels dans le film de Clint Eastwood sur John Edgar Hoover. Ce dernier s'est inspiré très nettement des méthodes de classement de la bibliothèque du congrès où il a travaillé, pendant

16. Étymologiquement, « inquisition » désigne une enquête, une recherche.

cinq ans, comme magasinier pour payer ses études de droit. Très souvent, à cette logique de classement des documents et des ressources succède toujours la dimension de contrôle. On pourrait rétorquer que cette dimension de contrôle est probablement antérieure, et ce, dès l'apparition de l'écriture qui est un instrument de pouvoir évident.

L'indexation a toujours présenté des formes plus personnelles et pas seulement officielles. Le lecteur a régulièrement tenté avec plus ou moins de succès, selon son expérience et ses pratiques, de développer des systèmes de classements, de notes, de signalisation au sein des ouvrages de sa bibliothèque. En cela, les folksonomies ne sont donc pas pleinement une révolution, même si le numérique marque une étape importante des pratiques d'indexation, d'annotation et de mémorisation : la séparation des « métadonnées » et du contenu original. Ce détachement, tant pratique que sentimental, pourrait éviter la situation décrite par Umberto Eco quand il mentionne son exemplaire de *La Philosophie au Moyen Âge* d'Étienne Gilson : « [l'ouvrage] qui m'avait tant servi à l'époque où je préparais ma thèse, je ne peux même pas le prendre en main aujourd'hui. Les pages se brisent, littéralement. Je pourrais en acheter une nouvelle édition, sans doute, mais c'est à la vieille que je suis attaché, avec toutes mes annotations de couleurs différentes qui font l'histoire de mes différentes consultations.[17] »

J'apprécie également le livre d'Étienne Gilson, et je déplore non pas d'avoir une version détériorée, mais qu'il n'y ait pas d'index performant. Si bien que je souhaiterais disposer d'une version numérique pour pouvoir y effectuer des requêtes « plein texte ».

17. *Cf.* Eco Umberto et Carrière Jean-Claude, *N'espérez pas vous débarrasser des livres*, Le Livre de Poche, coll. « Biblio Essais », 2010.

Chacun cherche à marquer ses ressources, à se les approprier, à pouvoir y retrouver ses notes, ses éléments de personnalisation. Chaque lecteur, au sein d'ouvrages qu'il considère majeurs pour lui, cherche à les marquer de sa propre légende, c'est-à-dire de notes qu'il pourra relire plus tard.

4- La légende et l'indexation des individus

Ce pouvoir sur l'écriture entraîne une réflexion sur le rôle de la lecture. L'indexation constitue l'expression d'un élément qui facilite la compréhension et la désignation de la ressource : une légende. Une légende, du latin *Legenda* qui signifie « ce qui doit être lu », est la chose à lire, source de renseignements pour les usagers, mais aussi sur les usagers. Elle s'avère surtout la chose à relire, tant il s'agit de savoir revenir sur les traces, commentaires, annotations qui ont été laissés auparavant, soit dans un objectif de remémoration, soit pour corriger, effacer ou réorganiser des données. Cependant, cette action est davantage réalisée par les machines que par les humains qui finissent par oublier les traces qui remontent il y a quelques années.

La délégation de ses traces et métadonnées à des services tiers devient une dépossession inquiétante, d'autant que de plus en plus de programmes cherchent à conférer du sens à partir de requêtes nominatives. Cette inconscience des métadonnées produites est la source de l'identité passive, qui repose sur l'ensemble des traces que nous laissons de manière involontaire ou dont nous n'avons pas pris la portée future.

Je suis (une) légende

Pour pasticher le célèbre roman de science-fiction de Richard Matheson[18], l'individu devient petit à petit vampirisé par des dispositifs qui finissent par se servir de lui. Si bien que « je suis une légende » peut être compris comme « je dois être lu » ou « je suis à lire ». Le problème vient du fait que cette lecture est de plus en plus réalisée par les machines. Le héros de Richard Matheson n'a d'autres solutions que de vivre à l'écart et d'éviter de se faire repérer par les nouveaux maîtres du territoire. Cette tentation de l'invisibilité par rapport aux outils du numérique est désormais vaine, tant il est devenu de plus en plus difficile d'échapper à Google et Facebook. L'indexation des individus s'opère donc autant par les institutions officielles que par des entreprises privées qui en savent probablement plus que les services de renseignements institutionnels. Les régulières injonctions gouvernementales adressées aux organismes tels que Google pour qu'elles leur délivrent des renseignements témoignent de ce phénomène. La question est donc celle du *design* (au sens de désignation) des existences[19].

Cette tendance n'est hélas pas totalement nouvelle puisqu'elle a commencé avec les listings de personnes et les méthodes de traitement des individus en fichiers. On peut songer immédiatement au numéro de sécurité sociale, qui est clairement un identifiant numérique de l'individu. La constitution des fichiers de police, les cartes d'identité sont des mécanismes de description des individus selon des critères définis. On est même allé assez loin dans l'indexation

18. Richard Matheson, *Je suis une légende* (titre original : *I am Legend*), trad. Nathalie Serval, Folio, coll. « Folio science-fiction », 2001.

19. Récemment, je me suis amusé à décrire la poursuite de ce phénomène dans une nouvelle de science-fiction, où j'imagine des moteurs capables d'indexer l'intégralité du contenu de notre cerveau, *cf.* Olivier Le Deuff, *Print brain technology*, Publie.net, 2011.

fine des personnes, notamment en ce qui concerne les personnes qualifiées de nomades sur le territoire français qui se voyaient attribuer un carnet anthropométrique d'identité en 1912.[20]

L'homme se voit donc ici documenté à l'extrême. Ces méthodes iront jusqu'à transformer l'humain en simple document dont il faudra finalement se débarrasser. C'est aussi le paradoxe de la désignation qui finit par produire une identité commune à l'ensemble de ceux qui sont rejetés. Déjà, en Grèce, les ostracisés étaient ceux qui voyaient leur nom inscrit sur des tessons d'argile. Voir son nom inscrit, puis son identité décrite peut s'avérer extrêmement dangereux à terme. Il peut donc être parfois tentant de sortir de l'index.

En langue anglaise, *index* désigne aussi un indice. Un indice qui a une valeur de preuve. Si on prend conscience de cette constitution progressive d'un index de nos actions, on perçoit que la moindre impulsion, la moindre concession au *like*, constitue déjà un indice, une désignation de soi.

Ce travail de désignation des mots et des choses, mais aussi des individus correspond à une volonté de contrôle. Ces territoires de l'indice et de l'indexation essentiellement professionnels et scientifiques tendent à prendre de l'essor au point d'entrer dans la culture[21].

Cette culture de l'indexation reste toutefois essentiellement spontanée, parfois impulsive et peu rationalisée. Les diverses traces laissées au cours de consultation de ressources et de navigation sont des métadonnées.

---

20. Sur ces questions, lire l'excellent article d'Emmanuel Filhol, « Les nomades, des citoyens à part depuis un siècle », 14 juillet 2012, *Médiapart.fr*.

21. Sur ces aspects entre indice et indexation et la construction d'une culture de l'indexation, *cf.* Ismaïl Timimi et Susan Kovacs (dir.), *Indice, index, indexation,* éditions ADBS, coll. « Sciences et techniques de l'information », 2006.

5- Les métadonnées

Les métadonnées (*metadata* en anglais) sont devenues un concept en vogue avec les développements du web. En réalité, elles sont très anciennes et bien antérieures au web et au numérique. Les métadonnées apparaissent rapidement avec les processus d'écriture. Ainsi l'histoire des techniques de la pensée et de la documentation met en avant des documents qui renseignent sur d'autres documents ou sur des aspects économiques et agricoles. Les tablettes d'argiles, les papyrus où sont décrits les productions agricoles ou bien encore les catalogues des premières bibliothèques, les fameux *pinakes*[22] de Callimaque de Cyrène[23], sont déjà des métadonnées. Il faut donc comprendre et concevoir ces formes de signalement et de description des ressources (autant culturelles qu'agricoles, voire humaines) comme des méthodes de traitement des données qui ont continué à évoluer. Les bibliothécaires et documentalistes en sont bien évidemment les plus grands utilisateurs. L'histoire de la documentation montre une évolution et une forte rationalisation des processus de description des ressources, depuis la fiche bibliographique établie par le père de la documentation, Paul Otlet, jusqu'aux premiers fichiers informatisés de bibliothèques respectant des règles strictes de catalogage. Le format MARC (MAchine-Readable Cataloging), format informatique permettant l'échange notamment, a ainsi succédé et peu à peu remplacé les fameuses fiches cartonnées que vous avez peut-être eu loisir de consulter et dont la normalisation avait été établie en 1954 (format ISBD : International standard bibliographic description).

22. *Pinakes* : catalogue en cent vingt rouleaux d'inventaire classé par ordre alphabétique et par genre, répertoriant l'ensemble des livres qui figuraient dans la bibliothèque d'Alexandrie.
23. *Op. cit. supra*, note 5.

La question du classement et du rangement se pose sans cesse face à l'augmentation de nos ressources disponibles. Bien avant les gros serveurs de données et les *data centers*, on utilisait donc des bibliothèques et ces fameux tiroirs où il fallait chercher par auteurs ou par sujets pour espérer dénicher la fiche qui décrivait le document pertinent pour sa recherche d'informations.

Les fameux tiroirs comme préfiguration des data centers.
Source : Marc Wathieu, HEAJ : Mundaneum, 14 décembre 2010. Licence CC.

L'intérêt pour les métadonnées sur le web est devenu croissant du fait de l'augmentation des ressources disponibles. Rapidement, le code HTML a prévu la possibilité de décrire des métadonnées dans le code de la page web. Dès 1994, Tim Berners-Lee, l'un des inventeurs du web, porte intérêt aux métadonnées et ses discours sur le web sémantique confirment l'importance de mieux décrire les ressources disponibles en ligne, particulièrement dans une optique d'interopérabilité.

L'histoire des métadonnées sur le web n'a pas toujours été parfaite. Cette relation avec le web a débuté difficilement et marque encore actuellement les choix technologiques, notamment en ce qui concerne les moteurs de recherche. En effet, les métadonnées devaient figurer à l'origine dans les balises <META> du code HTML, et nécessitaient d'être remplies par des webmasters encouragés à faire figurer des mots-clés pour décrire le contenu et les principales thématiques de leurs sites. Seulement l'éthique documentaire n'est pas un sentiment partagé par le commun des mortels et encore moins par les webmasters qui privilégient davantage la rentabilité publicitaire et le nombre de visites à la justesse de l'analyse documentaire. Dès lors, les mots-clés furent surtout utilisés pour attirer des visiteurs plutôt que pour décrire finement un contenu. Les webmasters consultaient ainsi quelles étaient les requêtes les plus fréquentes sur les moteurs de recherche pour les intégrer ensuite dans les balises *meta* de leurs sites. À la fin des années 1990, le mot-clé le plus utilisé, après les traditionnelles variations autour du mot sexe, était « Pamela Anderson ». Ces pratiques douteuses eurent des conséquences : les moteurs de recherche, tel que le leader Alta Vista, renvoyaient des résultats de moins en moins pertinents. Certains sites institutionnels ou de politiques[24] se mirent à user de ces métadonnées douteuses. Finalement, les moteurs de recherche finirent par ne plus prendre en compte ces métadonnées détournées. Ce fut d'ailleurs un des choix opérés par Google dont l'algorithme de recherche accorde un poids quasi inexistant, voire nul aux métadonnées.

Cet échec pose encore problème aujourd'hui, car il a fortement nui au projet des métadonnées Dublin Core. Le Dublin Core est un schéma de métadonnées générique qui permet de décrire des ressources numériques ou physiques et d'établir des relations avec d'autres ressources. Il comprend officiellement 15 éléments de description formels (titre, créateur, éditeur), intellectuels (sujet, description, langue, etc.) et relatifs à la propriété intellectuelle.

Ces métadonnées devaient initialement permettre aux moteurs de recherche d'indexer de manière plus efficace les ressources web. Prévues pour s'intégrer parmi les balises *meta* mais en constituant un travail d'indexation plus précis

24. Ce fut notamment le cas pour le site de campagne de Françoise de Panafieu.

avec des champs respectifs, leur déploiement n'a pu s'effectuer de manière étendue voire généralisée. Néanmoins, les métadonnées Dublin Core sont utilisées dans des projets de recensement de ressources. Elles sont également prises en compte dans les projets de web de données pour décrire finement des ressources numériques. Mais le Dublin Core reste insuffisant et il faut utiliser d'autres langages pour mieux décrire les relations. Quinze champs principaux sont prévus par le Dublin Core. Il n'est pas obligatoire de les remplir tous, on peut les diviser en trois parties principales pour mieux les discerner comme sur le schéma ci-dessous.

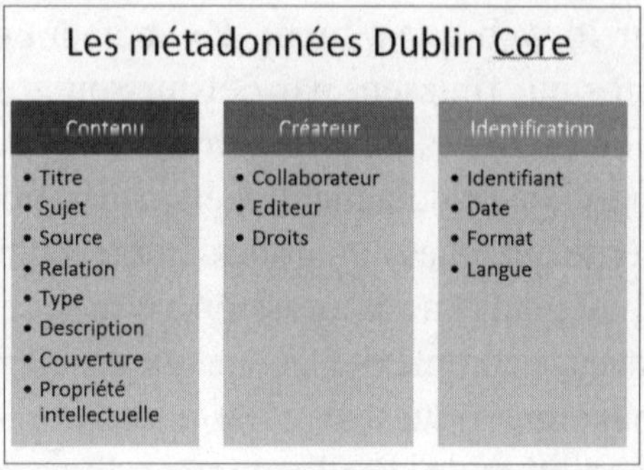

L'indexation reste surtout réservée aux professionnels de l'information et de l'informatique. Or, la production de métadonnées prend une diversité de formes qui fait qu'elles sont produites de plus en plus par chacun d'entre nous et plus uniquement par les traditionnels producteurs de métadonnées. Une évolution clé que décrit Bernard Stiegler : « C'est pourquoi il est fondamental que les citoyens aient conscience de ce que sont les metadata. Ils en sont producteurs, consciemment ou pas, mais qu'ils en aient conscience ou pas, ils ne mesurent pas toutes les conséquences possibles de cette production. Les métadonnées existent depuis la Mésopotamie, où l'on a trouvé des tablettes d'argiles qui décrivaient des stocks de tablettes et qui constituaient en cela des catalogues. Les métadonnées existent depuis 4 000 ans. Il n'y a jamais eu de métadonnées qui n'aient pas été produites par des démarches de contrôle *top down*, c'est-à-dire hiérarchiques, descendantes et centralisées : contrôle impérial en Mésopotamie, puis royal, puis républicain, et finalement managérial, mais dans tous les cas exercé par des pouvoirs de synchronisation.[25] »

Parmi ces nouvelles formes de métadonnées figurent les folksonomies, mais pas seulement... La plupart des traces laissées sur le web constituent des métadonnées parfois inconscientes qui finissent par définir son créateur. Cette accumulation de traces, une fois ordonnée, finit par transformer l'individu en document. Cette libération des métadonnées mérite quelques remarques. Les récentes évolutions du web privilégiant une impression de facilité contrastent fortement avec la complexité latente que requiert l'ensemble des systèmes numériques. Et c'est justement leur maîtrise qui est la condition du développement d'une culture technique. Or, les mécanismes techniques, informationnels, voire mémoriels, enclenchés sont peu connus des usagers. De plus, le savoir perdu par l'individu a parfois été transféré dans la machine, d'où cette impression de facilité qui correspond à une dépossession de savoirs et de savoir-faire. S'il devient aisé techniquement de produire des métadonnées, mais cette facilité ne s'accompagne pas d'une formation minimale pour davantage les maîtriser.

25. Entretien avec Bernard Stiegler réalisé par Alexandre Serres et Ivana Ballarini, publié le 10 mai 2009 sur fadben.asso.fr.

Chapitre 2

Tags et folksonomies

Les expressions « tags » et « folksonomies » sont devenues évidentes pour les plus initiés, mais elles demeurent encore absconses pour les usagers qui pourtant « taguent » parfois tel Monsieur Jourdain faisant de la prose dans *Le Bourgeois gentilhomme*.

1- Folksonomies, les taxonomies du peuple

Le terme « folksonomie » est apparu il y a quelques années pour désigner le phénomène d'indexation des documents numériques par l'usager. On lui associe fréquemment le mot « tag » qui correspond à un mot-clé qu'on attribue à une ressource numérique de façon librement choisie. Le terme de folknologie est parfois employé, mais son usage est beaucoup plus rare et beaucoup moins partagé. L'expression « social tagging » – que l'on peut traduire notamment par

« indexation collaborative libre » – est plus fréquente. Toutefois, *tagging* présente un sens quelque peu différent de celui d'indexation. On emploiera parfois le néologisme « taguage » pour le traduire.

L'architecte de l'information américain Thomas Vander Wal[26] a forgé ce terme de folksonomie en 2004 en combinant *taxonomy* (la taxinomie ou taxonomie, les règles de classification,) avec *folk* (le peuple). Les folksonomies s'inscrivent donc clairement dans une logique de type web 2.0 en plaçant les usagers au centre du système, une prérogative déjà l'œuvre depuis bien longtemps dans les systèmes d'information[27].

• ***Qu'est-ce que la taxonomie ?***

La taxonomie présente plusieurs sens, car elle renvoie à des disciplines scientifiques parfois différentes. Étymologiquement, elle désigne les lois (l'ordre) du classement ou du placement. Elle fut d'abord considérée comme la science des classifications des êtres vivants et renvoie donc à des territoires plus liés à la biologie. La taxonomie est le fait de pouvoir classer des éléments, ce fut d'ailleurs sa première utilisation dans un ouvrage sur la description des éléments végétaux réalisé, en 1813, par le botaniste suisse Augustin Pyrame de Candolle. Elle est donc utilisée pour désigner tout processus de classification des informations et des docu-

26. L'histoire de la création du terme est décrite dans le billet de Thomas Vander Wal, « Folksonomy Coinage and Definition », 2 février 2007, disponible sur Vanderwal.net.
27. Yves Le Coadic, *Usages et usagers de l'information*, éditions Armand Colin-ADBS, 2004.

ments. Son usage actuel tend plutôt à considérer la taxonomie comme un moyen de classer et d'organiser l'information et les ressources numériques au sein d'une organisation et plus particulièrement l'intranet des entreprises. C'est dans ce cadre que les taxonomies sont beaucoup utilisées aux États-Unis et au Canada.

Cela a permis aussi de voir se développer un nouveau métier : architecte de l'information, spécialiste de l'organisation de l'information et de la connaissance particulièrement dans les environnements numériques. L'architecture de l'information[28] mêle ainsi des compétences documentaires et informationnelles avec des compétences informatiques, numériques et ergonomiques. La profession possède également une dimension esthétique revendiquée, puisqu'il s'agit aussi de concevoir des architectures web ergonomiques et qui soient agréables à la navigation.

La taxonomie que l'on retrouve dans les folksonomies se rapproche de cette logique de classification des ressources numériques au sein des organisations. Si l'indexation y est parfois laissée ouverte et s'effectue de façon plus libre avec des tags, c'est principalement pour des raisons financières puisqu'elles évitent de faire appel à des langages contrôlés ou à un professionnel.

Les folksonomies sont donc initialement un système plutôt dédié à des environnements fermés comme les organisations et les entreprises. Mais ce qui va produire son succès, c'est bien sûr son développement parallèle au phénomène du web 2.0. L'année 2005 est en cela une année clé.

---

28. Voici trois définitions proposées par l'institut pour l'architecture de l'information : La conception structurelle des espaces d'information partagée ; L'art et la science d'organiser et de cataloguer des sites web, des intranets, des communautés virtuelles et des logiciels pour en faciliter l'utilisation et le repérage ; Une communauté de pratique émergente fondée sur l'apport de principes du design et d'architecture spécifiques à un environnement numérique.

2005	**L'année du succès**
Janvier	Technorati utilise le tracking de tags[29] sur les blogs.
Mars	• Le système de tags est un des thèmes d'actualité au sommet d'architecture de l'information à Montréal. • Parution de l'article « Ontology is overrated » de Clay Shirky[30], architecte de l'information. Dans cet entretien provocateur, il prédit la fin des hiérarchies et des classifications traditionnelles. • Yahoo! achète Flickr qui permet de taguer des photos. C'est une des premières acquisitions par un grand groupe d'un site dit « web 2.0 ».
Août	• 25 millions de billets de blogs seraient tagués selon Dave Siffry, créateur de Technorati, premier moteur de blogs.
Novembre	• Amazon intègre l'usage des tags et Google sort Google Base qui permet également l'indexation d'articles par tags.
Décembre	• Yahoo! achète Del.icio.us pour près de 30 millions de dollars. • Les folksonomies sont saluées comme une des meilleures idées de l'année 2005 par le *New York Times*.

• *Mais que sont vraiment les folksonomies ?*

Les folksonomies reposent sur la possibilité pour l'usager d'attribuer des mots-clés à des documents numériques afin de pouvoir notamment les retrouver ultérieurement. Le phénomène est évidemment lié à l'accroissement des informations disponibles et l'impossibilité qu'elles soient toutes traitées par des professionnels. Cette masse informationnelle rend impossible un traitement documentaire de qualité. L'« infobésité » devenant une menace classique, les folksonomies constituent une alternative intéressante en conférant aux usagers des moyens de traiter eux-mêmes l'information qu'ils reçoivent. Elles sont alors un des premiers moyens de « curation » du web, expression actuellement à la mode, qui consiste dans le traitement de l'information de façon à en produire une sélection ou synthèse plus lisible.

29. Le *tracking* de tag désigne la possibilité d'effectuer de la veille et de savoir si une ressource (type blogs ou billets de blogs) a utilisé un tag qu'on a précédemment ciblé.
30. Clay Shirky, « Ontology is Overrated Categories, Links and Tags », 2005, disponible sur Shirky.com.

Le système proposé diffère donc nettement des systèmes classificatoires classiques, comme la classification décimale universelle ou la classification Dewey[31], qui s'inscrivent dans des processus plus longs et dont le but est d'obtenir un classement cohérent et de faciliter le rangement de documents physiques. Le but étant que les lecteurs puissent retrouver facilement des documents pertinents, tandis que les professionnels des bibliothèques peuvent aisément ranger et donner un sens à la bibliothèque.

Les folksonomies ne reposent sur aucun système préétabli conçu par des professionnels, ce qui confère à l'utilisateur une liberté totale quant au choix des mots-clés. Une liberté qui s'inscrit clairement dans le positionnement idéologique du web 2.0, qui vise à placer l'usager au centre du système. Les folksonomies accordent de ce fait une grande responsabilité à l'usager. Ce dernier les utilise de prime abord pour répondre à un objectif personnel, afin d'organiser son propre système d'information. Il est donc assez logique que cette liberté ne soit pas entravée par un langage documentaire comme un thésaurus qui contraindrait ses choix. Chaque usager s'organise en fonction de ses propres besoins d'information et n'est plus soumis à une organisation établie par des professionnels qui s'imposerait à lui. Tout peut alors se trouver indexé par l'usager, depuis ses favoris jusqu'à ses photos, en passant par ses messages sur son blog, etc.

Il s'agit donc d'une nouvelle forme d'indexation particulière qui vient s'ajouter à d'autres langages documentaires ou méthodes existantes qui ont déjà fait leurs preuves.

31. La classification décimale de Dewey fut créée en 1876 par Melvil Dewey. La classification décimale universelle (CDU) qui en est une dérivation fut créée par Paul Otlet et Henri La Fontaine en 1895.

2- Qu'est-ce qu'un tag ?

Le tag est l'élément essentiel des folksonomies. Le terme s'est imposé rapidement au point d'avoir fait passer aux oubliettes la signification qu'on lui connaissait en français, celle de marquage effectué sur un mur et constituant une forme de signature. Le tag numérique demeure une forme de marquage. Le mur en dur ayant été remplacé par le mur virtuel de Facebook. On notera que le tagueur[32] ou graffeur met déjà en avant un paradoxe en apposant une marque personnelle sur un mur. En effet, le but est-il qu'on remarque le mur et son environnement ou bien s'agit-il d'une manière pour le tagueur de se mettre en avant ? Un double sens qui est également présent pour le tag numérique.

Le mot « tag » désigne en fait un mot-clé, une catégorie ou une métadonnée. Plusieurs traductions sont possibles : étiquette de balisage, étiquetage, fléchage, marquage, voire traçage, ou bien encore label qui est le terme employé notamment par Google sur la messagerie Gmail pour classer les messages. À noter qu'Evernote – outil permettant notamment de gérer diverses notes – préfère celui d'étiquette. Il est également possible de rencontrer des expressions comme taguage collaboratif.

Les Britanniques et spécialistes des systèmes d'informations numériques Guy Marieke et Emma Tonkin[33] proposent une bonne définition du tag : « Une définition simple serait de dire que les tags sont des mots-clés, des catégories de noms, ou des métadonnées. Essentiellement, un tag est simplement un jeu de mots-clés librement choisi. Cependant, du

32. Il est préférable d'employer le verbe « taguer » plutôt que la version « tagger » qui est une mauvaise adaptation de l'anglais. De ce fait, les usagers qui taguent sont des tagueurs ou des tagueuses.
33. Guy Marieke, Emma Tonkin, « Folksonomies. Tidying up Tags? », *D-Lib Magazine,* vol. 12, n°1, 2004, disponible sur www.dlib.org.

fait que les tags ne sont pas créés par des spécialistes de l'information, ils ne suivent aucune indication formelle. Cela signifie que ces items peuvent être catégorisés avec n'importe quel mot définissant une relation entre la ressource en ligne et un concept issu de l'esprit de l'usager. Un nombre infini de mots peut être choisi, dont quelques-uns sont issus de représentations évidentes tandis que d'autres ont peu de signification en dehors du contexte de l'auteur du tag. »

Le tag peut prendre toutes les formes possibles, selon le choix opéré par l'internaute et surtout selon sa culture et sa maîtrise de la langue. Le tag est donc un marqueur social, non pas dans le sens de web social, mais comme indice sociologique. Un professeur ne taguera pas de la même façon qu'un élève et un journaliste ne taguera pas nécessairement les mêmes documents qu'un trader. De la même façon, selon les cultures et les générations, les tags prennent diverses formes et il existe autant de façon de taguer que de tagueurs. Le tagueur peut donc user et abuser de sa liberté de taguer, puisqu'il n'a pas à choisir parmi un vocabulaire contrôlé, si bien que des mots absents du dictionnaire ou des néologismes peuvent devenir des tags. Certains sites permettent de lier le tag à un nom de personne, c'est d'ailleurs devenu une des fonctionnalités les plus prisées de Facebook.

Depuis l'explosion du phénomène, il est peu aisé de chiffrer le nombre de tags qui ont pu être créés et utilisés par les internautes, plusieurs milliards probablement...

3- Les outils de taguage sur le web

Les folksonomies recouvrent des applications fort diverses dont le seul point commun est celui de pouvoir ajouter un tag à un document. Plusieurs types peuvent être dénombrés.

• *Typologogie*

- Les plateformes d'images et de photos.

La plus connue dans le domaine est bien sur Flickr (flickr.com)[34] qui permet le stockage, le taguage et le partage de ces photos. L'application permet aussi l'affichage de photos sur un blog notamment en sélectionnant un tag précis. Ainsi un blogueur qui souhaite afficher les dernières photos ayant reçu le tag « library » peut aisément le faire en intégrant un code sur son blog. Il peut également décider de le faire avec ses propres photos. Picasa, qui est un logiciel acheté par Google, interagit aisément avec le réseau social Google+ et permet le taguage de ses contacts. De la même façon, Facebook permet le taguage de photos notamment avec des identifiants nominatifs.

L'application Instagram qui permet de partager des photos sur les réseaux sociaux, notamment sur Twitter, utilise beaucoup les tags. Cependant, les tags d'Instagram sont peu porteurs de sens ou participent d'une culture propre aux usagers du service, à la limite de la *private joke*, c'est-à-dire qui n'est compréhensible que par des initiés. Ces tags populaires, marqués par l'influence de l'iPhone, n'ont aucun équivalent dans un dictionnaire, à l'exception des tags « sky » et « sunset », rares tags compréhensibles. Tout indique que la plateforme mise davantage sur le partage et la sociabilité engendrée que sur la gestion d'un stock de photos croissant et dont les possibilités de recherche d'informations sont assez faibles. Le fait que les images soient prises sur des téléphones portables démontre que le système repose sur une forme de spontanéité plutôt que sur un effet durable. Néanmoins, il

34. Voir également le chapitre 5, « Flickr et le projet The Commons ».

demeure une fonction mémorielle évidente puisque les photos sont stockées et présentées de manière antéchronologique pour chaque usager. Si bien que ce n'est pas la thématique ou le tag qui devient support de la recherche d'informations, mais l'usager qu'on aura repéré.

Les tags populaires sur Instagram.

L'application à succès Pinterest, qui permet de collectionner diverses images, n'utilise pas des tags. Pinterest offre toutefois la possibilité d'annoter, notamment en couplant avec des *tweets*, ce qui revient à taguer les usagers du réseau, en l'occurrence ceux de Twitter. Pinterest permet aussi de se constituer un mur numérique à l'instar des murs des adolescents recouverts de posters. On observe que certaines applications s'appuient sur des réflexes quasi enfantins, celui de la collecte ou de l'expression d'une passion.

- Les plateformes de vidéos, de podcasts et de musique

Impossible de faire l'impasse sur YouTube (youtube.com) rachetée à prix d'or par Google. Les vidéos peuvent y être taguées, partagées et importées dans un blog. Les tags sont associés à la recherche d'information. Selon YouTube, « les tags permettent aux autres utilisateurs de trouver vos vidéos lorsqu'ils lancent une recherche sur le site. Quand un utilisateur saisit les mots-clés qui correspondent aux tags de votre vidéo, celle-ci apparaît dans les résultats de sa recherche. » Les tags sont donc complémentaires aux autres indications, notamment le titre de la vidéo.

Beaucoup d'usagers s'interrogent sur des forums sur les manières de taguer et se demandent si c'est efficace d'en mettre beaucoup. Le champ tag est cependant limité à 500 caractères. Les algorithmes de Google étant fluctuants, le choix des tags sur YouTube demeure un problème de référencement. Il est probable que l'ordre même des tags peut être important. Il faut savoir que les usagers ne peuvent ajouter de tags en dehors du dépositaire de la vidéo. La tentation aussi est parfois grande d'user de tags inappropriés pour tenter d'augmenter son nombre de vues. Il reste que YouTube a prévu ce cas de figure, si bien que l'usager mal intentionné peut voir son contenu supprimé. Il est écrit sur le centre d'aide YouTube : « Un texte prêtant à confusion fait référence à un internaute qui identifie de manière incorrecte ses vidéos dans le titre, les tags ou la description. Il emploie des moyens malhonnêtes et indique des informations erronées sur le contenu de la vidéo afin d'amener d'autres personnes à la visionner. L'utilisateur ayant mis en ligne la vidéo peut également s'être servi de la zone de description de la vidéo pour y insérer de nombreux tags ne correspondant pas au contenu de cette dernière, dans le but d'augmenter le nombre de visionnages[35] ».

Des groupes thématiques peuvent être également constitués mêlant à la fois des usagers et des vidéos. L'usager peut créer sa liste de favoris et constituer ainsi des *playlists*. Mais les problèmes habituels de droit d'auteur font que la pérennité des contenus est rarement assurée. C'est le cas sur les

35. *Cf.* « Signalement et suppression de contenu », sur support.google.com/Youtube

petites plateformes comme sur les grandes. Régulièrement, des contenus sont supprimés de Dailymotion ou de YouTube et, par conséquent les tags associés. Toutefois, les plateformes de vidéos en ligne sont d'énormes pourvoyeuses de tags. YouTube ne communique aucun chiffre sur le nombre de tags présents, mais on peut estimer que plus d'un million de tags sont ajoutés quotidiennement[36]. Ces usines à tags font des tags une ressource produite industriellement par des usagers incités à taguer pour mieux décrire leurs contenus et tout cela totalement bénévolement.

- Les plateformes de stockage et partage de documents

Tous les types de documents peuvent être déposés sur les plateformes de stockage. Ils peuvent rester privés ou être mis en accès libre. L'usager tague ici avant tout pour lui-même. Les espaces de stockage de données sont nombreux. Un des premiers à utiliser les tags fut Box.net. Les plateformes comme Dropbox (dropbox.com) ne les utilisent pas, préférant revenir à une stratégie organisationnelle plus classique privilégiant les répertoires.

Il faut retenir le succès de Slideshare (slideshare.net) qui permet de diffuser divers types de documents de travail ou de présentation assistée par ordinateur, notamment des documents PowerPoint qui sont transformés sous le format flash. Slideshare recense notamment des documents de qualité qui peuvent parfois être réutilisés en fonction des licences attribuées par leurs créateurs. La plupart de ces sites de stockage et de diffusion permettent l'import au sein d'un blog en

36. La page de statistiques permet une estimation à la louche sachant qu'une heure de contenu est déposée toutes les minutes. Sachant que la moyenne de durée des vidéos tourne autour de 5 à 6 minutes et que toutes les vidéos ne comportent pas obligatoirement de tags, on peut considérer qu'au moins un million de tags a été ajouté même s'il est probable qu'on soit parfois plus proches de deux millions. Pour plus de résultats, voir la rubrique « Statistique » sur Youtube.com.

incluant un petit bout de code à intégrer (*embed*). Slideshare gère les documents au sein de catégories prédéfinies, mais permet aussi l'inclusion de tags. Slideshare gère des pages pour chaque tag, ce qui permet notamment de réaliser une veille en récupérant les flux RSS[37] de la page du tag que l'on désire surveiller. Malheureusement, Slideshare gère très mal les tags qui ne sont pas uninominaux[38], par exemple des expressions comme « identité numérique ». Les résultats sont souvent aléatoires lorsqu'on veut parcourir les documents attachés à un tag.

- Les plateformes de musique

Les tags y sont peu fréquents sauf si l'on considère bien sûr les plateformes audiovisuelles. Il est toutefois possible de taguer des morceaux de musique en passant par Zotero qui récupère la référence et offre la possibilité de taguer ses références. Quant à Shazam, il emploie abusivement le terme de tags puisqu'il ne s'agit pas de folksonomies, mais de reconnaissance audio d'un morceau de musique qu'on souhaite identifier. Le réseau social d'iTunes, Ping, permet d'ajouter et de gérer des tags. Les iTunes tags fonctionnent uniquement au sein du service et ont vocation à couvrir plusieurs champs pour décrire une musique.

- Les sites regroupant des évènements

Le but est de taguer des annonces d'évènements afin de pouvoir effectuer une recherche ciblée pour trouver tout ce qui a trait à une même thématique, par exemple. Upcoming.org, créé en 2003 par Andy Baio, fut le premier du

37. Un flux RSS est un fichier dont le contenu est produit automatiquement (sauf cas exceptionnels) en fonction des mises à jour d'un site web. Les flux RSS sont souvent utilisés par les sites d'actualité ou les blogs pour présenter les titres des dernières informations consultables en ligne. Source : Wikipédia.
38. Qui ne comporte qu'un seul terme ou mot.

genre. Depuis octobre 2005, le site est intégré à Yahoo! et les tags sur le site ont quasiment disparu. Il n'y en a pas non plus sur Calenda, le plus important calendrier scientifique francophone en sciences humaines et sociales, qui reconnaît parfois des mots-clés, mais ne gère pas les tags. Facebook, qui gère parfaitement les évènements sous forme de pages dédiées, n'utilise pas les tags pour cette application. C'est la chose pour Google+ qui propose désormais le même type d'applications, mais sans aucune possibilité de taguer. Visiblement, le taguage d'évènements semble ne pas avoir rencontré le succès...

- Les sites de questions-réponses

Les sites de questions-réponses émanent d'une évolution des FAQ (Frequently Asked Questions, ou foire aux questions) qui présentent des fonctionnalités sociales et constituent des bases de données. Un des sites les plus en vogue ces dernières années est Quora (quora.com), qui autorise le taguage des questions par les usagers. Il est alors possible de suivre des tags en récupérant par exemple le flux RSS associé au tag.

- Les moteurs et agrégateurs de blogs et de tags

Le moteur de blogs le plus connu est Technorati (technorati.com). Créé par David Siffry, il propose régulièrement une analyse de la blogosphère et de son accroissement. Ce moteur incite l'usager à enregistrer son blog en le qualifiant avec des tags. Technorati peut ensuite effectuer un suivi du blog, notamment des billets tagués. Le moteur français Necctar (necctar.com) avait tenté de rechercher les blogs via le système des tags ; il n'existe plus. Le moteur de blogs le plus puissant est depuis quelques années Google Blog (google.fr/blogsearch) ce qui a peu à peu fait perdre du crédit à Technorati. Toutefois, Google Blog ne gère pas les tags.

Les agrégateurs permettent quant à eux de surveiller les tags les plus populaires en récupérant des flux RSS choisis par l'usager.

- Les sites de jeux en ligne

Les tags servent à guider l'usager dans la recherche d'un jeu correspondant à des besoins parfois précis. Sur Free Online Games (FOG), il est ainsi possible de rechercher au sein des tags qui sont plus efficaces que des catégories figées.

- Les messageries électroniques

Le courrier électronique n'échappe pas aux tags, même si l'expression de tags n'est pas toujours usitée. Le service de Google, Gmail, permet l'utilisation de mots-clés nommés « labels » pour caractériser des mails ou attribuer automatiquement un label à des messages provenant d'un usager, en modifiant les paramètres. Il s'agit bien de folkskonomies, car il est possible d'attribuer plusieurs labels à un même message. Gmail permet de conférer à chaque label une couleur différente. Gmail mixe les labels avec des principes d'arborescence en permettant une hiérarchie de tags. Hélas, il n'existe pas de traitement associé pour générer un nuage de tags, ce qui pourrait constituer un bon élément de mesure d'activités.

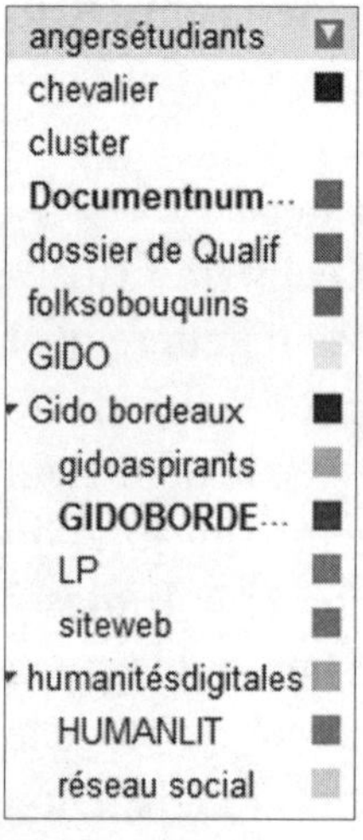

Un exemple de l'utilisation des labels sur Gmail.

- Les plateformes de popularité

Ce type de plateformes, dont la plus célèbre est Digg (digg.com), propose de voter pour les billets les plus populaires. Il est possible de retrouver les billets les plus populaires pour un tag donné. Ces systèmes sont souvent critiqués pour les risques de manipulation de l'information qu'ils présentent. En effet, certaines communautés d'usagers privilégiaient certains billets au détriment d'autres, il était possible d'acheter des votes pour propulser un billet en tête.

- Le taguage de personnes

Il est possible de taguer les identités et notamment la sienne. Le site Tagalag (tagalag.com) fut ainsi, en 2005, l'un des premiers à proposer une telle fonctionnalité en offrant la possibilité de taguer des personnes dont on connaissait l'adresse mail. Depuis le site est en voie de disparition. Évidemment, Facebook est devenu le principal service de taguage de personnes, avec en plus la possibilité de taguer les personnes présentes sur une image et disposant d'un compte Facebook. Cette possibilité s'accroît avec d'autres services et applications qui prennent d'autres formes. On les décrira plus en détail dans le chapitre 7. On notera que Google+ propose la même fonctionnalité pour les photos.

- Le taguage sur l'application blog ou de type CMS (Content Management System) [39]

Chaque usager peut taguer le moindre message de son blog et ses visiteurs peuvent également en ajouter, ce qui est plus rare. En effet, l'objectif est surtout de proposer un classement alternatif ou complémentaire à celui des catégories.

39. Système de gestion de contenus, comme le sont les plateformes de blogs ou de sites web, tels Joomla, Worpress ou Drupal.

La pratique semble s'être stabilisée et connaît un net affaiblissement depuis quelques années. Elle requiert, en dehors de l'apparente facilité qu'il y a à rajouter des tags à un article, une véritable discipline à long terme pour conserver une cohérence. Les plateformes de blogs n'ont pas vraiment développé des outils de gestion des tags pour du long terme, ce qui est regrettable.

-Le social bookmarking

C'est probablement le système le plus intéressant des folksonomies. Le partage de signets permet de mettre en relation des personnes, de créer des groupes thématiques, de faire de la veille, etc. (Voir chapitre 4).

• ***Les différentes possibilités de taguer***

Le tableau suivant a été réalisé en s'inspirant de celui réalisé par des chercheurs du laboratoire de Yahoo! de Berkeley, parmi lesquels figurait notamment Danah Boyd en 2006. Il montre les différences entre les plateformes qui permettent l'utilisation des tags. Ces variantes ont évidemment des conséquences sur la motivation des usagers et sur leur liberté d'usage.

40. Danah Boyd est une spécialiste des réseaux sociaux qui travaille actuellement pour Microsoft. *Cf.* Cameron Marlow, Mor Naaman, Danah Boyd, and Marc Davis, « HT06, tagging paper, taxonomy, Flickr, academic article, to read », ACM Digital Library, 2006, disponible sur dl.acm.org.

Dimension et permission pour l'activité de taguer	
Dimension	**Permission**
Possibilité de taguer	• Taguage uniquement par le propriétaire de la ressource ; • Permission limitée ; • Totale pour tous.
Aide au taguage	• Suggestions par rapport aux autres tags de l'usager ; • Tags donnés par les autres pour la même ressource ; • Tags suggérés à partir de la balise « title » de la ressource.
Type de ressources	• Textuelle ; • Non textuelle (images, vidéos, podcasts, etc.) ; • Personnes ou identités numériques.
Source des données	• Apportées par l'usager ; • Offertes par le site ; • Externes.
Liaison entre les ressources	• Liens hypertextuels ; • Groupes thématiques de termes.
Liaison sociale	• Liens entre usagers ; • Groupes thématiques d'usagers ; • Veille.

4- Qui tague et pourquoi ?

On peut s'amuser à lister les différentes raisons qui poussent l'usager à utiliser des tags. Elles sont variées, parfois peu louables, voire peu collaboratives.

• *Les raisons du taguage*

- Pour retrouver ultérieurement ses documents

C'est la première motivation. Elle s'inscrit dans la lignée des signets incorporés au navigateur. Il y a une volonté de conserver des documents que l'on souhaite retrouver et réutiliser. Cela peut être des articles que l'on souhaite mentionner pour préparer un article, un billet pour son blog ou pour constituer des dossiers thématiques. Il peut s'agir aussi d'images taguées pour une future sélection de photos (sur Flickr par exemple). L'activité est purement personnelle et peut justifier certains tags comme : « à lire », « à imprimer ». Le tag « to read » est d'ailleurs fréquemment utilisé. Il est symptomatique d'une infobésité, car la plupart des documents « to read » ne seront peut-être jamais lus. Cette fonction a d'ailleurs été implémentée directement dans Diigo, et certains sites et applications proposent des solutions uniquement sur le fait de pouvoir lire des ressources plus tard[41]. Les usagers de Diigo que j'ai interrogés confirmaient cette importance de conservation à des fins de réutilisation.

Cette fonction mnémotechnique est clairement essentielle dans le cas des signets sociaux. Elle est présente dans tous dispositifs folksonomiques puisqu'il s'agit de marquer pour mieux retrouver ses traces.

- Pour collaborer et partager

Plusieurs personnes peuvent taguer avec des mots-clés convenus d'avance pour constituer des favoris collaboratifs. Ainsi, la veille sur un sujet peut se faire à plusieurs. Il s'agit aussi d'un moyen pour partager des photos et des vidéos, en constituant des groupes thématiques sur le site français de vidéos Dailymotion.

Des dispositifs de veille collective sont ainsi réalisés à partir des signets sociaux, notamment via les flux RSS des ressources sélectionnées par les veilleurs. La collaboration peut prendre des formes plus avancées, comme avec Le Bouillon des bibliobsédés, site qui regroupe une vingtaine de veilleurs sur les questions info-documentaires à l'ini-

41. On peut citer l'application Read it Later devenue depuis Pocket (getpocket.com).

tiative du bibliothécaire Silvère Mercier : « Le Bouillon des bibliobsédés[42] est destiné à tous ceux qui s'intéressent aux apprentissages en réseaux et qui souhaitent mieux comprendre les mutations engendrées par le numérique. Il est proposé par des professionnels de l'information et de la documentation [...]. Le Bouillon des bibliobsédés entend susciter pour les thèmes qui entrent dans sa ligne éditoriale des conversations par une très large dissémination des liens jugés pertinents par les veilleurs, pour un usage personnel ou collectif. Le Bouillon est cuisiné par des veilleurs attentifs à diffuser des articles de qualité, pour vous. [...] Le Bouillon a été créé et diffusé en 2008 par Silvère Mercier, alias Silvae, alias le Bibliobsédé avant de devenir un projet collectif. Notre devise : "le bouillon, c'est bon, et ça se sait !" Le Bouillon est un concept, un service, un flux, une conversation. Le Bouillon est gratuit et proposé dans un but non commercial, il repose sur la libre volonté des participants. »

Le Nectar est un produit dérivé du Bouillon et qui est davantage filtré. Le Nectar ne comprend que les ressources qui ont été signalées par au moins deux personnes différentes. On retrouve ici l'idée que les folksonomies doivent être à visées larges et collectives (*broad folksonomies*) si elles veulent présenter un intérêt commun. Cela implique un peu de discipline dans la sélection de l'information et dans la manière de taguer, puisqu'il s'agit de partager des ressources qui pourront être utiles à d'autres.

En mixant des flux RSS, Le Bouillon est un des meilleurs exemples de collaboration. C'est aussi une veille gratuite au bénéfice de tous.

42. Disponible sur : www.bouillon-des-bibliobsedes.fr.

- Pour attirer l'attention

Ce n'est pas l'usage le plus noble, puisqu'il s'agit d'attirer l'attention des autres sur les ressources taguées, notamment via les systèmes de mesure de popularité et les nuages de tags (*tag cloud*) qui sont intégrés. Les utilisateurs peuvent être alors tentés d'utiliser des *spams-tags* pour faire la promotion de leurs propres ressources. L'objectif ne s'inscrit pas dans une volonté de promouvoir une indexation de qualité ; il s'agit à l'inverse d'une stratégie pour capter l'attention. Cet usage n'est pas nouveau puisqu'il s'inscrit dans la continuité des fausses métadonnées utilisées pour duper les moteurs de recherche, notamment à l'époque où Alta Vista était le moteur principal. Cette volonté de captation de l'attention marque le cheminement qui conduit le web à être principalement un instrument de valorisation économique et publicitaire. Actuellement, cette tentation se voit surtout sur Twitter avec l'usage des tags associés, les fameux *hashtags*. L'usager peut donc être tenté d'utiliser un hashtag populaire pour rendre plus visible son message au risque de passer pour un *troll*[43].

- Par jeu et compétition

L'usage est plus rare et ne concerne que des sites qui utilisent le tag comme jeu. C'était le cas du jeu d'indexation d'images Google Labeler qu'avait développé Google[44], et du jeu ESP (espgame.org). La tendance semble en perte de vitesse, probablement parce que le rêve d'une indexation totale du web par des tags déposés par les usagers semble improbable. Néanmoins, ce type de projets permettait d'amé-

43. Le troll est un personnage difficile à qualifier mais qui désigne généralement celui qui n'est pas dans le droit fil de la conversation et qui vient polluer ou casser l'ambiance.
44. Google n'utilise d'ailleurs pas le mot tag mais le mot label (ou libellé dans sa traduction française) que connaissent les utilisateurs de Gmail.

liorer l'indexation des images, très difficile à réaliser, malgré les progrès réalisés par l'indexation automatisée qui parvient à distinguer les spectres de couleurs et certaines formes. Cette dimension d'indexation collaborative pour les images mériterait des nouvelles initiatives innovantes.

D'autres utilisateurs jouent de manière à influer sur les nuages de tags, et ce, de manière collective. En manifestant une volonté collective qui place un évènement ou un élément au centre des attentions, cela produit une forme de *Google bombing*[45]. C'est le cas sur Twitter, où il s'agit de placer des tags en haut des listes de popularité, surtout lorsqu'il s'agit de démontrer une opinion politique. Les dernières élections présidentielles françaises ont d'ailleurs suscité nombre de pratiques de ce genre. Le tag devient alors un témoignage et un élément de mesure de cette puissance d'influence.

- Pour mentionner un aspect personnel

Il peut s'agir simplement d'inscrire son propre nom sur la ressource taguée, notamment quand il s'agit de sa propre production. Cela peut être également un moyen d'interagir en taguant des ressources mettant en scène une personnalité connue (« rencontré », « vu en concert », etc.). Les tags ou les annotations deviennent des manifestations de soi pour soi, mais aussi une manière de se montrer aux autres. Expressions d'une volonté d'appropriation d'aspects vécus, la dimension est mnémotechnique, puisqu'il s'agit de marquer la trace d'un souvenir. C'est aussi la volonté d'une inscription personnelle dans des territoires collectifs, tant réels que

45. Le bombardement Google (*Google bombing*) est une technique de référencement visant à influencer le classement d'une page dans les résultats du moteur de recherche Google. Elle exploite une caractéristique de l'algorithme PageRank qui accorde un certain poids au texte avec un hyperlien vers une page. Si plusieurs sites utilisent le même texte pour pointer sur la même cible, Google additionne ce poids et il devient possible de faire apparaître la page cible dans les résultats d'une recherche sur le texte contenu dans les liens pointant vers elle. Source : Wikipédia.

virtuels. C'est tout simplement la manifestation d'une preuve de sa propre existence et de sa participation au monde.

- Pour exprimer une opinion

Des utilisateurs peuvent qualifier positivement ou négativement telle ou telle ressource. Les tags <great> (super, génial) sont fréquents. Il ne faut pas oublier non plus que les tags sont parfois accompagnés de commentaires notamment en ce qui concerne les marque-pages sociaux. Évidemment, les commentaires peuvent être beaucoup plus critiques. Cette pratique prend une nouvelle fois de l'essor via Twitter qui permet d'exprimer une opinion grâce aux tags conçus pour signaler une réaction ou une position vis-à-vis d'un évènement. Le tag est alors extrêmement subjectif et souvent spontané. Cette dimension simpliste des folksonomies a été réutilisée, sous sa forme la plus primaire, pour mesurer la popularité avec les champs « j'aime » ou « j'aime pas ». On reviendra sur ce passage « du tag au like ».

- Pour le plaisir de ranger

L'usager cherche à ranger ses documents de manière ordonnée : c'est la logique du classement qui prédomine. Les folksonomies s'élargissent aux documents situés sur le disque dur. De nouvelles applications apparaissent dans ce domaine tel que Tag2find (tag2find.com). Le plus souvent, ce sont les documents du disque dur qui sont synchronisés sur des applications en ligne type *cloud computing*[46]. On notera cependant que les applications en ligne, y compris Google Doc (qui devient Google Drive), ne sont pas très orientées folksonomies et restent traditionnelles, avec une logique de

46. Le *cloud computing* (informatique dans les nuages) désigne le fait que les données et les applications sont hébergées en ligne sur des serveurs extérieurs à ceux de l'entreprise ou du particulier.

répertoire pas toujours efficiente. Cette perte est toutefois compensée par le moteur de recherche. Néanmoins, cela néglige d'autres pans des folksonomies qui vont au-delà de la recherche d'informations.

Le plaisir de ranger répond parfois à une vision individuelle et à des règles souvent incompréhensibles pour les autres[47]. Mais c'est aussi la force des tags que de pouvoir démultiplier les stratégies de rangement. Sur la base des principales pratiques, on peut tenter d'établir une typologie des tagueurs. Sans être d'une rigueur absolue (les usagers peuvent se retrouver dans plusieurs catégories), elle permet de mettre en avant des aspects marquants.

• *Typologie de tagueurs*

- L'initié

L'initié est d'un niveau social supérieur et souvent bien intégré au sein de la blogosphère. Il tague efficacement et régulièrement, et ses signets sont suivis par d'autres personnes. Il peut également faire partie d'un groupe thématique, par exemple sur Diigo, et être l'administrateur (*manager*) du groupe. Il bénéficie d'une certaine notoriété. L'initié est parfois un *geek* féru de nouvelles technologies. D'ailleurs, il utilise régulièrement les possibilités de transfert pour diffuser ses liens sur un blog pour en faire bénéficier le plus grand nombre. L'initié semble plutôt partageur et militant. On en retrouve un grand nombre dans l'équipe des veilleurs des « bibliobsédés[48] ». Il faut donc le repérer pour pouvoir bénéficier de son travail de veille.

---

47. À la manière d'Alberto Manguel : « Parfois ma bibliothèque obéissait à des règles secrètes, nées d'associations personnelles. » Alberto Manguel, *Une Histoire de la lecture*, Actes Sud, 2000, p. 35.
48. Les profils des membres de l'équipe sont disponibles dans la rubrique « Liste des veilleurs » sur le site Le Bouillon des bibliobsédés.

- Le gentleman

Le gentleman est proche de l'état d'esprit de l'initié, même s'il est parfois moins connu. Il tague de manière collaborative pour que ses documents tagués puissent être facilement accessibles à d'autres. Il choisit ses tags de manière collective et s'attache à ajouter des annotations explicatives et descriptives aux signets sociaux.

- L'info-pollueur

L'info-pollueur est l'antithèse du gentleman. Il tague que dans le seul but de faire connaître ses productions afin de générer un maximum d'affluence et de revenus publicitaires. Il abuse du *spam-tag* et pollue ainsi les folksonomies. Personnage à éviter.

- Le conservateur

Le conservateur use des tags principalement pour ne pas perdre ses recherches sur internet. Sa méthode est donc avant tout personnelle et sa vision n'est pas du tout collective. Son obsession de conservation peut parfois devenir maladive, au point qu'il abuse des tags « à lire plus tard ». Faute de temps, il finit alors par repousser aux calendes grecques ses innombrables lectures.

Certains conservateurs mieux organisés développent des systèmes de classements par tags sophistiqués extrêmement rassurants. Cela leur permet d'avoir la certitude de retrouver plus tard la ressource qui les intéresse – à condition que leur rigueur se prolonge dans des systèmes de sauvegarde performants, notamment en cas de crash des données ou de disparition du service utilisé.

- Le guide

Le guide utilise les tags pour diriger le lecteur vers des ressources pertinentes. Un blogueur peut taguer de façon à proposer d'autres billets, avec le même tag, à des visiteurs. Un webmaster peut veiller à employer des tags adéquats afin de générer des nuages de tags qui expriment clairement les thématiques principales abordées sur un site et offrir ainsi un moyen d'amener l'usager directement sur la thématique qui peut l'intéresser. Le guide peut aussi être un professionnel qui encadre le dispositif folksonomique afin qu'il soit optimal pour les usagers et les visiteurs.

- Le petit contributeur

Le petit contributeur tague occasionnellement, de manière plutôt personnelle et, parfois, dans un but collectif. Ce n'est pas un « influenceur ». Nombre d'usagers s'inscrivent dans cette catégorie. En se montrant peu assidus au taguage et en ne parvenant pas à percevoir les bénéfices de cette pratique, certains deviennent rapidement des non-usagers.

Cela démontre que la maîtrise des tags est totalement illusoire et que le besoin d'une formation, pas nécessairement institutionnelle, apparaît nécessaire.

Typologie des tagueurs.

Chapitre 3

Forces et faiblesses des folksonomies

Quel sens et quelle utilité donner à tous ces tags apposés par des usagers si différents ?

Après ces quelques années de développement, il faut clairement tirer un premier bilan qui peut se résumer en trois points pour tenter de mieux comprendre la portée des folksonomies :

- Les folksonomies n'ont pas révolutionné l'indexation et ont moins influencé la recherche d'informations que les moteurs de recherche ;
- Les folksonomies recouvrent différentes réalités suivant qu'elles sont utilisées sur un blog, sur une plateforme en ligne, sur un intranet ou sur un site collaboratif ;
- Les folksonomies n'ont pas remplacé ou effacé les ontologies ou les langages documentaires.

Ian Davis, spécialiste en bibliothéconomie, s'était montré parmi les plus critiques envers les folksonomies ; il arguait notamment qu'une indexation efficace implique non seulement des compétences, mais aussi du temps. Selon lui, l'indexation par les usagers semble de prime abord moins coûteuse en temps, mais le temps passé à retrouver l'information s'accroît. Tandis que, dans les systèmes d'informations hiérarchisées, où le coût d'indexation par les professionnels est plus élevé, la recherche d'informations s'avère facilitée pour l'usager. Partant de l'adage « le temps, c'est de l'argent », il en conclut que le système de tags devient onéreux. Davis émettait l'hypothèse que, vers 2010, les folksonomies seraient petit à petit abandonnées pour un retour à la médiation des bibliothécaires et de Google. D'un certain point de vue, la prévision de Ian Davis n'était pas totalement erronée. En effet, Google reste clairement leader en matière de recherche d'informations. La puissance de son moteur de recherche demeure quasi incontestée et sa suite d'applications n'a de cesse de croître en potentialités.

Par conséquent, il faut considérer les folksonomies de façon plus globale et sur une durée plus longue. La tentation première d'assimiler trop fortement les folksonomies à une indexation collaborative libre correspond à une réduction de son champ d'application. Le tag renvoie également à d'autres formes anciennes, notamment l'annotation.

1- Les trois dimensions des folksonomies

Bien souvent l'action de taguer s'inscrit dans des perspectives mnémotechniques qui vont au-delà d'une indexation et ressemblent davantage à un marquage cherchant à décrire un parcours. Ces parcours peuvent être très éphémères au point que le tag devient une forme de « post-it numérique[49] », attribué n'importe comment. Mais les tags peuvent être surtout des marques de parcours de lecture, témoignages de « marches » de lecture et de démarches de recherche : une trace de nos actions passées comme pour mieux affirmer « Je suis passé par ici, voilà ce que j'ai perçu et je pense que cela pourra m'être utile pour plus tard ». L'inscription des folksonomies ne doit donc pas être restreinte au seul champ de l'indexation, mais également dans celui des supports de mémoire et dans les territoires de l'annotation.

Les trois dimensions principales des folksonomies qu'il est possible de distinguer sont les suivantes :

La dimension d'indexation. Il s'agit de la dimension qui est la plus souvent mise en avant. C'est souvent par ce prisme qu'elles ont été étudiées. L'indexation concerne aussi bien les ressources que les individus.

- **La dimension mnémotechnique** place les folksonomies dans les mécanismes de la mémoire et parmi les outils qui permettent de conserver de façon externe des données qui pourraient être consultées ultérieurement en cas de besoin. Une dimension nettement mise en avant chez les usagers des signets sociaux.

- **La dimension d'annotation** est corrélée aux deux précédentes. Le tag peut être considéré autant comme une annotation qu'une indexation. La définition retenue dans ce cadre est celle développée par Manuel Zacklad[50] : « Toute forme d'ajout visant à enrichir une inscription ou un enregistrement pour attirer l'attention du récepteur sur un passage ou

49. Pour reprendre l'expression de Jérôme Bertonèche, ingénieur de recherche et spécialiste des langages documentaires.

50. Manuel Zacklad, « Annotation : attention, association, contribution », *in* P. Salembier et M. Zacklad, *Annotations dans les Documents pour l'Action*. Lavoisier, 2007, p. 29-46.

pour compléter le contenu sémiotique par la mise en relation avec d'autres contenus sémiotiques préexistants ou par une contribution originale. Cette extension donnée au sens du terme d'annotation est pour partie la conséquence des usages terminologiques associés à la gestion collective des documents sur le web où le terme d'annotation peut désigner aussi bien le fait de surligner un passage, le rajout d'une balise sémantique permettant le classement du document (taguer), ou la rédaction d'un commentaire associé à un texte en ligne. »

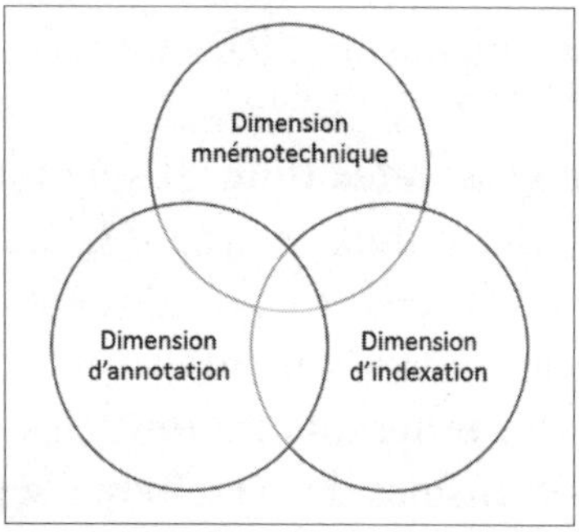

Les trois dimensions des folksonomies.

Les folksonomies permettent en effet une réconciliation entre l'indexation et l'annotation. L'annotation que l'on pratique dans nos livres papier ne présente aucun index et aucun classement. Le numérique permet d'y répondre désormais. L'annotation s'exerçait principalement dans les marges, pouvait se manifester par le fait de souligner voire de surligner. Cela constituait également des marques d'appropriation du texte[51].

51. Le philosophe Bernard Stiegler décrit bien cette puissance de construction de parcours rendue possible par l'annotation. *Cf.* Bernard Stiegler, « Sociétés d'auteurs et sémantiques situées », *Des Alexandries II. Les métamorphoses du lecteur*, Christian Jacob (dir.), Bibliothèque nationale de France, 2003.

Les folksonomies facilitent ces logiques de parcours. Les signets sociaux, qui permettent de taguer et d'annoter des ressources jugées intéressantes, envisagent pleinement cette perspective. Cette prolongation de la vision des folksonomies dans un espace – qui est aussi celui de la connaissance et des travailleurs du savoir et de l'information–, les place nécessairement dans le territoire de la lecture et de l'écriture, c'est-à-dire celui de la littératie[52] et même des littératies.

Évidemment, la tentation serait de rétorquer que la lecture est une activité essentiellement individuelle, voire privée et qu'à l'inverse les folksonomies s'inscrivent dans une sociabilité portée par le web 2.0, également appelé web social. Les folksonomies présentent effectivement une dimension fortement collective. Il convient de rappeler cependant que la lecture n'est pas une activité uniquement solitaire. Alberto Manguel[53] rappelle à dessein les anciennes lectures collectives à voix haute. Les récentes expériences de lecture et d'apprentissage de la lecture effectuées par Christian Jacomino avec ses « Moulins à parole » (outils disponibles sur le site VoixHaute.net), démontrent bien que la lecture a toujours présenté une dimension sociale. Le numérique facilite cette mise en perspective sociale de partage de lectures..

Les folksonomies facilitent certes des usages individuels, mais leur force réside justement dans l'agglomération du « pouvoir des usagers » pour produire des effets collectifs. Leur puissance repose sur le système de *crowd sourcing*, c'est-à-dire l'alimentation des plateformes par les données issues de la foule. En clair, les usagers apportent les données et la valeur ajoutée. Plus il y a d'usagers qui ajoutent des

---

52. Le concept de littératie possède trois sens principaux : premier sens : capacité à lire et écrire ; deuxième sens : possession de compétence et d'habileté ; troisième sens : élément d'apprentissage.
53. *Op. cit.*

mots-clés, plus l'indexation s'améliore potentiellement et plus il y a de ressources décrites, accessibles par le moteur de la plateforme. L'esprit collaboratif permet d'indexer les documents produits ou signalés par les autres selon ses propres besoins. Cet état d'esprit peut donner l'impression d'un ancrage dans les idéaux des prémices du web et des premiers réseaux : il s'agit de partager, en l'occurrence ici des ressources, des tags et des annotations. La logique folksonomique et son succès sont étroitement liés au développement des grandes initiatives du web 2.0 : YouTube pour stocker des vidéos qui peuvent être taguées, Flickr pour partager des photos, et les systèmes de partage de fichiers en ligne comme Box.net, plateforme qui offre la possibilité de taguer les documents mis en ligne et qu'il est possible de partager. Les tags, tout comme les données générées par les usagers au bénéfice de ces prestataires de services sont stockées dans des gigantesques entrepôts de données, les *data centers*. Ces données ne sont donc pas localisées sur le disque dur de l'usager, sauf s'il a pris soin d'effectuer des sauvegardes. De toute façon, il ne pourra jamais récupérer la totalité de ses interactions et de ses tags.

La liberté de taguer est bien réelle, mais bien souvent l'usager se trouve placé sous d'autres contraintes liées au service qu'il utilise. Selon les conditions générales d'utilisations, il n'est pas toujours totalement maître de ses annotations, tags et ressources. Les folksonomies n'échappent donc pas au côté obscur du web 2.0, dont le schéma ci-après répertorie les principaux griefs.

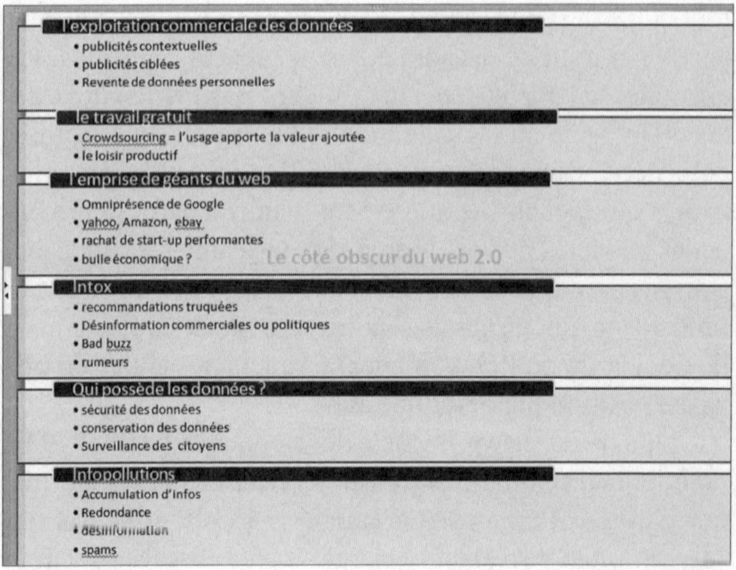

Le côté obscur du web 2.0.

2- Les folksonomies et la politique

Les folksonomies reposent a priori sur le fait qu'elles ne nécessitent aucun consensus, à l'inverse des langages documentaires qui font l'objet de discussions et de choix auxquels on peut reprocher des visions politiques ou idéologiques, par exemple dans les classifications. Le système repose donc sur l'accumulation des tags.

Pourtant prétendre qu'aucune politique n'est possible ou qu'il n'y figure aucune influence culturelle serait une erreur. En effet, l'emploi de mots-clés n'est pas neutre, il est au contraire révélateur. Les mêmes ressources peuvent être taguées de façon différente par des communautés d'intérêts divergents. De même, cette position apolitique des folksonomies néglige des enjeux de pouvoir, des influences qui font qu'un tag plutôt qu'un autre finit par s'imposer. Quelque part, la simplicité dissimule des influences évidentes. Par exemple, les signets sociaux guident parfois le choix des tags. Une aide au taguage montre les tags les plus utilisés pour décrire une même ressource. De même, les communautés qui taguent régulièrement manifestent des opinions et des manières de voir. Même s'il existe une forte tendance à ne pas prendre position, on peut exercer des formes de critiques dans l'usage des tags, notamment dans les classements de popularité où l'on voit apparaître telle ressource en première position plutôt qu'une autre.

À qui bénéficie vraiment le développement des tags ? En premier lieu aux fournisseurs de services et aux plateformes qui y trouvent un moyen d'améliorer l'indexation des ressources pour une recherche élargie et plus efficace au sein du service. C'est aussi un moyen de rajouter une série de mots-clés qui pourra ensuite être valorisée au niveau du référencement, même si ce ne sont pas les éléments les plus privilégiés par les moteurs de recherche. Dans un second temps, les tags bénéficient aux usagers qui se voient offrir un moyen de mieux classer leurs ressources, de trouver des documents grâce à l'indexation par tags et peuvent effectuer de la veille en suivant un mot-clé particulier.

Cependant, il est difficile d'évoquer une politique générale des tags qui serait une métapolitique de l'indexation des ressources sur le web. Dans ce domaine, le choix s'était porté initialement sur le Dublin Core. Les folksonomies fonctionnent dans un autre cadre moins structuré, car elles recouvrent autant de réalités qu'il existe d'usagers, si bien qu'il est parfois difficile de prétendre que la somme des tags utilisés par les usagers sur une plateforme puisse réellement constituer une cohérence d'ensemble.

Considérer tous les sites usant des tags comme équivalents dans leur fonctionnement et dans leurs objectifs est une erreur (voir chapitre 2). Un des distinguos possibles réside dans le fait de diviser les folksonomies en deux catégories principales.

3- Deux types de folksonomies

Thomas Vander Wal avait opéré une distinction entre deux types de folksonomies, les « étroites » (*narrow folksonomies*) et les « générales » (*broad folksonomies*). Le concept de personomie est parfois utilisé comme équivalent des *narrow folksonomies* pour démontrer le caractère strictement individuel du *tagging*. La distinction est importante, car si les premières sont surtout utilisées dans un objectif individuel, les secondes privilégient l'aspect collectif et collaboratif du partage d'information. Ainsi les sites de partages de favoris, comme Delicious ou Diigo, sont plutôt des folksonomies générales puisqu'une même ressource peut être taguée par plusieurs utilisateurs et recevoir des tags divers, et parfois similaires. Ce type de folksonomies s'appuie sur des fonctionnalités sociales avancées et met en relation des usagers qui partagent les mêmes centres d'intérêt. L'usager indexeur devient donc à son tour indexé lui-même et mis en relation à la fois avec d'autres mots-clés, d'autres sites et d'autres usagers. Point sur lequel on reviendra plus loin.

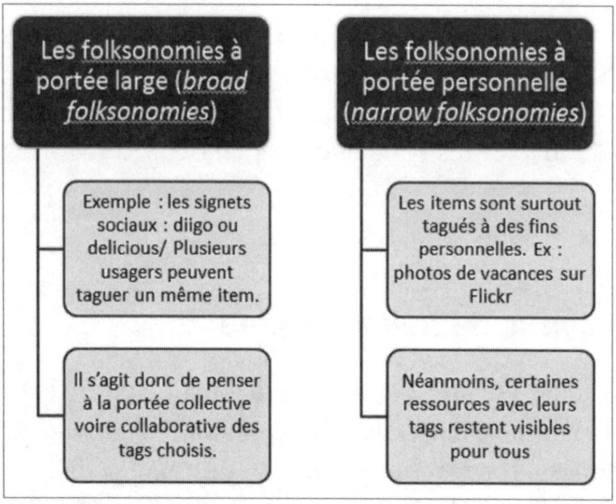

Les deux principaux types de folksonomies.

Cependant, c'est l'usager qui décide s'il utilise les folksonomies dans une dimension uniquement personnelle ou au contraire collaborative. Les deux positions ne sont pas incompatibles, sauf si l'usager fait le choix de rendre totalement privées ses ressources et ses tags quand cette possibilité lui est offerte. Dans les deux cas de figure, les folksonomies personnelles ou collaboratives présentent des potentialités évidentes, mais aussi des désagréments.

4- Critiques et débats

Le chercheur amateur, bibliothécaire et développeur américain Adam Mathes[54], dans son article paru en décembre 2004, résume le problème des folksonomies en une phrase : « Une folksonomie représente en même temps ce qu'il y a de

54. Adam Mathes, « Folksonomies. Cooperative Classification and Communication Through Shared Metadata », 2004, disponible adammathes.com.

meilleur et de pire dans l'organisation de l'information. » En effet, la force des folksonomies constitue également sa faiblesse : sa souplesse d'utilisation et son adaptabilité infinie ne garantissent en aucun cas une cohérence de l'ensemble. Au contraire, l'accumulation de tags finit par engendrer une organisation chaotique. Fréquemment, des synonymes et des expressions dérivées sont utilisés alors qu'un tag utilisé en amont aurait été plus opérationnel. La différence entre le tag, totalement libre, et le descripteur en tant que vocabulaire contrôlé, devient évidente.

Le développement des folksonomies a parfois fait sourire les professionnels de l'information et notamment ceux qui pratiquent régulièrement l'indexation. En effet, le phénomène a donné parfois l'impression d'une redécouverte des pratiques et des méthodes déjà connues depuis fort longtemps. Les folksonomies redécouvraient parfois le fil à couper le beurre ! Toutes les erreurs et les pièges classiques de l'indexation s'y retrouvent.

• ***Les problèmes récurrents des tags***

Voici deux principaux problèmes récurrents et assez classiques des difficultés d'une indexation hasardeuse :

- La polysémie

Une même ressource peut être indexée de manière fort différente. La liberté de pouvoir ajouter autant de mots-clés que l'on souhaite peut être un atout si l'on veut « toucher » l'usager lançant une requête un peu éloignée du sujet. Mais on comprend très vite que les manières de voir et d'analyser un document ou une ressource sont très variables et soumises à la représentation du monde et à la culture de celui qui va faire le choix des mots-clés. Le schéma ci-après démontre à la fois toute cette richesse, mais aussi cette ambiguïté sémantique associée à chaque ressource.

La polysémie à partir d'une image de Flickr.

- L'homographie

Un seul mot ne suffit pas toujours à bien identifier un contenu. Certes le manque de précisions peut être contourné par l'environnement sémantique. Toutefois, au niveau de la recherche d'informations, cela produit pas mal de risques de désagréments et un véritable risque de bruit documentaire[55].

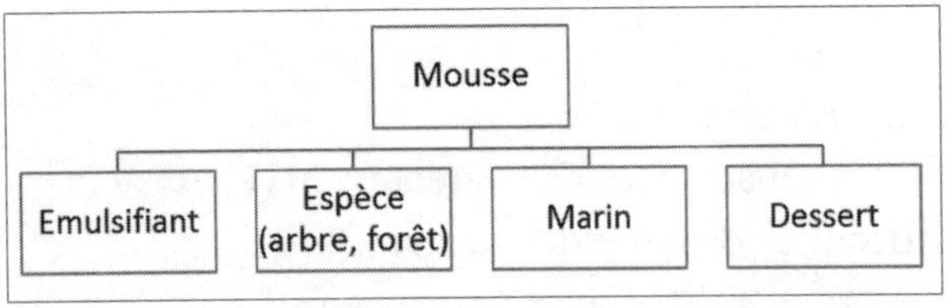

L'homographie.

On retrouve dans les systèmes folksonomiques ce type de problèmes, si bien qu'il devient difficile pour un usager de retrouver de l'information, y compris dans ses propres ressources. La recherche devient alors hasardeuse quand il s'agit de retrouver de l'information et des documents qui auraient été tagués par d'autres. Le fait que les folksonomies

55. Le bruit documentaire correspond au fait d'obtenir trop de réponses suite à une requête et notamment trop de réponses non pertinentes. Un tri ultérieur est nécessaire sans compter que, bien souvent, il faut effectuer une nouvelle requête mieux ciblée.

ne reposent sur aucun thésaurus fiable introduit de nombreuses confusions et des polysémies dérangeantes. Il en résulte une tour de Babel sémantique qui peut finalement aboutir à un résultat inefficace et à une grande perte de temps. D'un autre côté, les folksonomies présentent l'avantage de rappeler l'intérêt d'une indexation mieux maitrisée et relève le rôle des professionnels de l'information. Les folksonomies sont une formidable opportunité pédagogique pour expliquer l'intérêt de l'indexation et montrer les différences entre une indexation contrôlée et un système plus ouvert.

Forces et faiblesses des folksonomies

Forces	Faiblesses
• Souplesse d'usage • Choix libres • Choix illimités bien souvent • Indexation de ressources que des professionnels n'ont pas le temps d'indexer. • Tracking de tags (démarche de veille) • Permet de créer une organisation bottom-up • « c'est mieux que rien »	• Coquilles • Manque de cohérences dans la durée • Tags trop personnels • Pas de réelle constitution d'un index ordonné • Désorganisation liée à l'accroissement des ressources indexées • Tags détournés (spam-tags)

Les folksonomies suscitent de nombreuses critiques, notamment de la part des professionnels de l'information qui y voient parfois des similitudes avec l'emploi des métadonnées intégrées au code html par les webmasters, dans l'espoir de réaliser une indexation du web. De plus, les folksonomies constituent un moyen pour attirer des visiteurs sur un site par l'emploi de mots-clés détournés, les *spams-tags* – ce phénomène semble s'affaiblir en partie, car les tags intéressent peu les moteurs de recherche. La plus grande source d'infopollution provient des problèmes de polysémie et notamment des mots-clés employés fréquemment pour désigner des réalités fortement différentes. Très souvent, un même groupe de ressources (par exemple, suite à un téléchargement de photos) peut se voir attribuer le même tag de façon très générale. L'exemple le plus connu est celui des photos de vacances que l'on trouve sur des plateformes dédiées. Le nombre de photos comportant le tag « vacances » ou « *holiday* » est considérable. La plupart du temps, elles ne présentent guère d'intérêt si ce n'est pour celui qui les a indexés ainsi. Dès lors, les temps de recherche peuvent être parfois très longs pour parvenir à trouver une photo intéressante selon un critère précis. On sait que l'indexation des images est déjà difficile pour des professionnels, elle est encore plus révélatrice de ces difficultés quand elle est opérée par des amateurs. Toutefois, l'existence de telles plateformes rend d'innombrables services, d'autant que les recherches d'informations ne s'effectuent pas uniquement sur les tags. On reviendra plus loin sur les potentialités exceptionnelles de Flickr.

Les folksonomies participent de la personnalisation de l'information qui s'est améliorée avec les outils du web 2.0. La liberté pour décrire et organiser des contenus numériques s'avère facilitée en se trouvant déchargée de la contrainte d'un thésaurus ou de la médiation des professionnels. Seulement cette absence de règles strictes conduit à un effet pervers : celui de générer de nouvelles données désorganisées par l'entremise de tags qui finalement ne garantissent pas toujours une organisation efficace de l'information.

Les folksonomies sont un peu victimes de leur succès, plus il y a de tagueurs et d'éléments tagués, plus il est difficile d'assurer une cohérence. Si certains taguent énormément sans classement rigoureux, leurs données peuvent cependant être riches en nombres et en qualité. Il faut se méfier des apparences : une bibliothèque qui paraît bien rangée n'est pas forcément riche en contenus.

Outre le manque de cohérence qui peut se dégager de l'ensemble, on constate que les erreurs orthographiques sont très fréquentes. Quiconque a déjà pratiqué s'aperçoit que les coquilles posent problème lorsqu'il s'agit de retrouver tous les documents tagués par un mot-clé précis. La moindre petite coquille l'évacue automatiquement de la liste, ce qui constitue une raison supplémentaire pour être rigoureux dans l'activité de taguer. Ce qui accroît également les difficultés, c'est que l'on peut taguer sur plusieurs plateformes de façon différente. Comment s'y retrouver dans cette diversité d'usages et de ressources ? Faut-il dès lors prôner une littératie dédiée, une *tag literacy* afin de garantir le succès des *broad folskonomies* : l'indexation à portée générale et collective ?[56]

5- *Tag literacy* ou la formation aux folksonomies

Faut-il former les individus aux folksonomies ? La réponse est évidemment oui. L'apprentissage ne doit pas nécessairement se dérouler sur les bancs de l'école, mais l'action de taguer doit être vue comme un processus d'apprentissage bien plus complexe que ne le présuppose la facilité qu'il y a à apposer un mot-clé. On est clairement dans les territoires des littératies, c'est-à-dire d'une maîtrise basée

56. Comme le souhaite le consultant en apprentissage Ulijes Meijas.

sur la lecture-écriture, qui s'étendent à des domaines et des ressources numériques. On a déjà plaidé pour une formation ambitieuse aux cultures numériques[57], les folksonomies en font pleinement partie.

La création du terme *tag literacy*[58] (littératie des tags ou littératie folksonomique) ne peut qu'interroger. Faut-il lui donner la même portée que pour l'*information literacy* voire la *digital literacy*, ou bien faut-il la considérer comme faisant partie des deux précédentes ?

Tout dépend du sens que l'on donne au mot littératie. Le terme peut être fort et posséder une portée quasi disciplinaire, comme c'est le cas pour l'*information literacy*, (que l'on traduit par « maîtrise de l'information » voire « culture de l'information »), mais il peut aussi simplement désigner une habileté ou une capacité. Il s'agit plutôt de la deuxième solution dans le cas présent[59]. La *tag literacy* requiert des habiletés clairement documentaires et elle peut être reliée aisément à l'*information literacy*. A priori cette habileté n'est pas nouvelle puisqu'elle se rapproche de la capacité d'indexation des professionnels. Par conséquent certaines règles de l'indexation des taxonomies classiques peuvent être adaptées. Néanmoins, l'absence de thésaurus implique une vision différente. La capacité à qualifier un document par un mot-clé nécessite des qualités d'expression ainsi que des capacités critiques. Cette catégorisation n'est pas si aisée et peut constituer un bon exercice pédagogique. Ce dernier est d'ailleurs à rapprocher des stratégies de requête sur les moteurs de recherche où l'usage du bon mot-clé demande

57. *Cf.* mon ouvrage précédent *La formation aux cultures numériques*, FYP éditions, 2011, notamment le chapitre consacré aux littératies.
58. *Cf.* Ulises Ali Mejias, « Tag literacy », 2005.
59. Ce que Ulises Mejias m'a confirmé par mail, le 8 janvier 2007 : « I think tag literacy is as necessary as other literacies (although I would say it is part of information and digital literacy, not separate) ».

une certaine réflexion. Cette littératie fait donc partie pleinement d'une culture numérique et c'est dans ce cadre qu'il faut l'inscrire parmi d'autres littératies.

• ***Les littératies proches de la* tag literacy**

Les littératies proches de la *tag literacy* ont été regroupées sur la figure suivante.

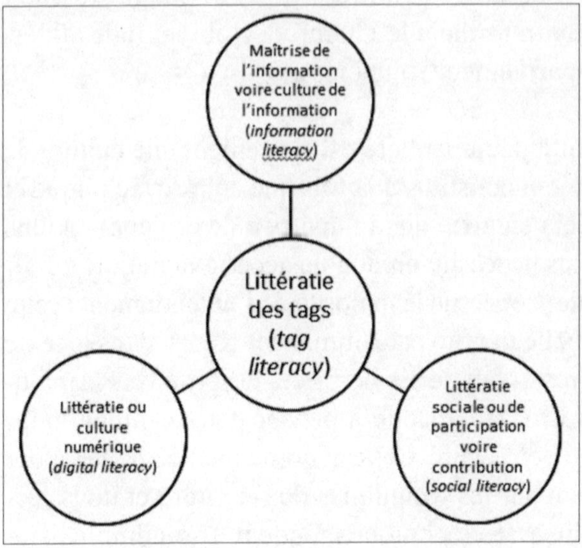

La *tag literacy* et les littératies proches.

La proximité avec les aspects informationnels est évidente du fait des compétences documentaires. On peut y inclure une dimension critique assez forte pour analyser et évaluer l'information. La culture numérique (*digital literacy)* qualifie quant à elle plutôt des capacités techniques minimales, liées à la maîtrise des outils du numérique, mais qui va en fait bien au-delà. Le terme « *social literacy* » est plus rare à rencontrer et est également récent. La *tag literacy* se rapproche de la *social literacy* en tant que pratique sociale avec notamment le partage des favoris. Ces fonctions de partage, de collaboration voire de contribution prennent de l'importance.

La nécessité d'une culture documentaire apparaît au vu de l'étendue des éléments qui peuvent être « indexés » : « […] la granularité des ressources indexables s'élargit considérablement : au-delà des ressources scientifiques et des objets culturels, c'est l'ensemble des photos, vidéos, documents de travail, billets de blogs et autres "profils" sur les réseaux sociaux qui entrent dans le champ des objets indexables, qu'ils "m'appartiennent" ou non[60] ».

Cette culture documentaire est clairement une culture de l'information qui constitue à la fois une culture technique et citoyenne. Cela signifie que la maîtrise de ces applications et technologies nécessite un double accès à la majorité :

- Le premier concerne la majorité de l'entendement : cette majorité est celle décrite par Emmanuel Kant[61] dans le texte sur les lumières. Il fait de ces dernières la sortie vers la majorité, c'est-à-dire, la capacité à penser par soi-même pour devenir un citoyen éclairé. Cette majorité intellectuelle repose principalement sur les techniques de l'écriture et de la lecture. Désormais ces techniques tendent à se complexifier notamment avec les littératies du numérique.

- Le second concerne la majorité à l'égard de l'objet technique. Le philosophe de la technique Gilbert Simondon évoque dans ce cadre la nécessité de développer une culture technique. Cette culture suppose une relation non minoritaire, c'est-à-dire qui ne repose pas sur un simple usage ou de l'intuition, mais bel et bien sur une compréhension.

60. Olivier Ertzscheid, « Culture documentaire et folksonomie : l'indexation à l'ère industrielle et collaborative », *Documentaliste-Sciences de l'information*, vol. 47, n° 1, 2010, p. 45-47.

61. Emmanuel Kant, *« Qu'est-ce que les Lumières ?*, titre original, *Beantwortung der Frage : Was ist Aufklärung ?*, publié en 1784. *Cf.* également *«* Qu'est-ce que les Lumières ? » sur Wikisource.org.

• ***Quelles règles ou conseils de base ?***[62]

Avant toutes règles, il faut tenter de parvenir à distinguer et à comprendre quels sont les mauvais tags. Voici une liste succincte des tags inefficaces :

- Les tags mal orthographiés ;
- Les tags mal conçus, notamment les groupes de mots collés ensemble ou séparés sans utiliser l'*underscore* ;
- Ceux qui ne respectent pas les règles d'usage ou les conventions ;
- Les tags personnels n'ayant aucun intérêt collectif ;
- Un tag unique qui n'apparaît qu'une seule fois dans une base de données.

Il ne saurait y avoir de règles absolues dans les folksonomies puisque c'est justement la liberté d'usage qui fait son succès et sa différence. Néanmoins l'absence de règles n'exclut pas un peu de connaissances et de réflexions. (Voir tableau page suivante).

La *tag literacy* s'inscrit dans un processus plus large qui implique certes la maîtrise technique des TIC mais également la culture de l'information. Outre l'opportunité de transmettre des notions documentaires par ce biais, il s'agit aussi de communiquer des méthodes de construction du savoir, avec l'idée de parcours. Une logique qui se démarque de celle du bouton-poussoir des moteurs de recherche. La *tag literacy* s'inscrit dans une perspective plus large rejoignant ainsi *l'information literacy* pour l'acquisition d'une culture de l'information mêlant des habiletés transférables et un état d'esprit critique et ouvert.

62. *Cf.* notamment l'article concernant les tags pour Deli.cio.us, sur Techsoup.org.

Comment bien taguer[63]

– Utilisez la ponctuation à bon escient. À moins que le mot ne puisse être compris, il est inutile d'employer des majuscules : elles sont souvent interprétées comme s'il s'agissait de minuscules. L'*underscore* est pratique pour définir un groupe de mots. En effet, les espaces vides ne fonctionnent pas sur la plupart des sites et séparent automatiquement les mots comme s'il s'agissait deux tags différents. Soyez vigilants en ce qui concerne les espaces entre les virgules et les points-virgules. Un tag sans tiret peut parfois être meilleur. Il n'est pas toujours utile de créer des tags qui regroupent deux mots, parfois il vaut mieux en créer deux séparés. Il est toujours possible dans l'exemple « politique_française », d'opter pour le tag « politique » et le tag « France ». Il n'est pas interdit non plus d'utiliser les trois.

– Usez des croisements. Le choix de séparer les tags n'empêche pas d'utiliser des requêtes plus précises. Il est possible de retrouver des documents en croisant les tags. Par exemple, une requête « politique + France » permet de retrouver les favoris qui concernent la politique française ou ceux qui ont reçu à la fois les tags « France » et « politique ».

– Coordonnez les efforts et collaborez. Pour ceux qui font partie d'une communauté professionnelle, il peut être utile d'établir un ensemble commun de normes notamment sur un wiki. L'observation et le respect des conventions d'indexation des sites et des réseaux sociaux utilisés facilitent la mise en commun. Les efforts d'indexation sont plus efficaces si l'usager collabore en ajoutant des tags à d'autres ressources.

– Analysez les tags des autres pour la même ressource. Il est intéressant de comparer les tags des autres pour une même ressource. Le choix du tag le plus populaire peut être adéquat à condition toutefois d'en connaître la signification. Cela peut être utile lorsqu'il y a hésitation entre deux tags à l'orthographe proche, tel que : « web_2.0 » et « web2.0 ».

– Effacez et réorganisez. En cas de réorganisation, il est possible de changer les tags de ses documents. On peut regrouper ses tags avec la fonction « bundle tags » de Delicious qui permet de créer des catégories supérieures rassemblant plusieurs tags. Cette fonction est pertinente lorsque l'usager a tagué beaucoup de documents.

– Employez plutôt le pluriel pour définir des catégories, et utilisez les synonymes. Cette règle diffère de celle de l'indexation classique. Ici, le pluriel est plus approprié, car la catégorie peut contenir différentes variations. Toutefois, le singulier est préférable pour des concepts précis. Les synonymes sont utiles – du fait de l'absence de thésaurus – et permettent d'éviter les confusions.

– Pensez à la visibilité des tags. Pensez collectivement, car les tags peuvent être utilisés par d'autres. En effet, même si l'usager ne souhaite pas utiliser les tags dans une perspective collaborative, il doit demeurer conscient que les autres peuvent les voir. Par conséquent, si le tagueur est facilement identifiable, il doit être prudent. Les tags insultants sont donc à proscrire ainsi que les tags qui pourraient révéler des informations confidentielles.

63. Voici les conseils établis par Mejias et que j'ai adaptés.

• ***Le sens du partage : former au travail collectif***

Le passage à la stratégie collective requiert de la rigueur et de la concertation.

Comment taguer pour le collectif ? La question avait intéressé il y a quelques années un groupe thématique de la plateforme de signets sociaux Ma.gnolia intitulé « *How to tag ?* ». Un des usagers confiait qu'il taguait avant tout pour lui et que la richesse des tags des autres utilisateurs lui permettait de trouver d'autres informations pertinentes. Ne connaissant pas toutes les aspirations de l'ensemble des membres de la communauté, il affirmait qu'il ne pouvait taguer collectivement. Mais il admettait que cela serait possible s'il devait taguer pour un groupe restreint, par exemple une classe. Le passage au collectif implique d'abord une échelle qui est celle du groupe d'intérêt plutôt que celle d'une masse difficile à identifier.

Malgré des limites manifestes, les folksonomies mettent en évidence la possibilité de développer un système avec des formes de catégorisation, auquel les internautes participeraient volontiers s'ils ne rencontraient pas d'obstacles techniques ou informatiques. La liberté d'utilisation et la faible complexité apparente des systèmes donnent parfois l'impression d'un « web sémantique du pauvre », tantôt alternative à des systèmes plus élaborés et mieux structurés qui ne peuvent s'effectuer faute de temps ou de financement, tantôt comme étape intermédiaire d'un travail documentaire et sémantique plus ambitieux. Il s'agit aussi de penser les folksonomies non seulement comme une stratégie de classement, mais également comme une méthode de navigation et de recherche, puisqu'elles permettent d'accéder à des ressources pertinentes qu'un moteur de recherche aurait pu ignorer ou placer loin derrière les premières positions du fait de l'algorithme. Les tags sont donc des outils précieux pour obtenir des visualisations et faire du suivi.

6- Des instruments de veille et de mesure

Les folksonomies présentent un intérêt notable en ce qui concerne la traque de termes précis (*tracking*), notamment pour faire de la veille en récupérant des flux RSS sur des sites qui gèrent les recherches par tags. C'est un élément intéressant pour des veilles spécialisées. Par exemple, le site et premier moteur de blogs Technorati a été le premier à s'intéresser aux tags utilisés sur les blogs. Il avait implémenté des « Technorati tags » pour que chaque blogueur puisse faire référencer ses billets tagués automatiquement sur Technorati, ce qui ressemblait à une forme d'annuaire de tags. Cette fonctionnalité permet actuellement d'afficher quels sont les tags les plus fréquemment employés et notamment la tendance du jour (*top tags today*).

Les folksonomies sont à la base des mesures de popularité. Ce type d'usages ne garantit pas la fiabilité de l'information et est source de manipulations évidentes pour figurer « en haut de l'affiche ». En effet, le moteur de la popularité repose aussi sur l'ego des blogueurs qui cherchent à être lus et référencés. D'ailleurs, le site Technorati confond les deux notions d'autorité et de popularité en attribuant des indices d'autorité (*authority*) à des blogs qui sont cités par d'autres. Or ce mécanisme relève davantage de la popularité. L'autorité étant conférée par des institutions supérieures marquant des parcours de réussite comme peuvent l'être les systèmes qui permettent de devenir professeur, chercheur, médecin, etc. Les systèmes sur le web privilégient largement les classements par popularité et le buzz plutôt qu'un classement basé sur la durée. En cela, les folksonomies ne se sont pas substituées aux annuaires du web dont l'intérêt diminue d'année en année.

Plusieurs formes de catégorisation sont néanmoins apparues. Même si la plupart prennent des formes linéaires avec des listes, certaines sont plus interactives et surtout plus visuelles. C'est le cas des fameux nuages de tag qui permettent d'afficher l'essentiel des thèmes abordés de manière esthétique notamment sur un blog, ce qui est pratique pour voir en un seul coup d'œil l'intérêt du site et les thématiques régulièrement abordées. Attention toutefois à ne pas confondre deux types de nuages de tags : ceux réellement créés à partir des tags d'un blog ou d'un site et ceux qui sont générés automatiquement par des traitements informatiques. Il est en effet parfois difficile de les distinguer.

Dans le premier cas, on a une visualisation des tags les plus fréquemment utilisés via un plug-in (wp-cumulus) de la plateforme de blog Wordpress qui permet de créer un nuage de tags avec les catégories du blog et les tags les plus utilisés. Plus un tag est fréquent, plus sa taille grossit.

Dans le second cas, la visualisation automatique permet de ressortir les mots les plus fréquents dans un document. Plusieurs outils existent ; Wordle (wordle.net) est un de ceux les plus fréquemment utilisés. Cet outil en ligne très simple permet de générer un nuage de tags qu'il est possible de mettre en forme à partir d'un texte qu'on aura copié ou à partir d'une adresse d'un blog ou d'un site. Un nuage de tags généré par Wordle n'est pas capable de traiter les expressions. D'autres logiciels plus performants permettent de le faire, Many Eyes par exemple.

Une visualisation via Wordle qui crée un nuage de tags automatiques.

Les nuages de tags et autres visualisations permettent d’avoir des aperçus intéressants sur les usages et les tendances notamment linguistiques. En effet, cela permet de voir quels sont les champs lexicaux prédominants ainsi que les langues les plus employées. Évidemment, l’anglais triomphe et est clairement majoritaire sur les plateformes qui emploient des folksonomies. L’usage des tags en anglais n’est pas l’apanage des seuls anglophones, puisqu’il est fréquent de rencontrer des usagers non anglophones qui utilisent des tags en anglais. Il est vrai parfois que les tags recommandés automatiquement par la plateforme sont également en anglais, par exemple dans les systèmes de signets sociaux. Ces outils de mesure et de visualisation sont davantage utilisés par des professionnels. Il n’est donc guère étonnant que les fonctionnalités avancées soient également utilisées par ceux qui peuvent en retirer des bénéfices dans leur vie professionnelle.

Chapitre 4

Des dispositifs avancés pour les professionnels de l'information

Tous les usagers n'utilisent les pas folksonomies ou tout au moins ne les utilisent pas de façon régulière. Ce sont les professionnels de l'information et notamment des bibliothécaires ou documentalistes qui ont su en tirer toute la quintessence. La démocratisation de l'indexation apportée par le *tagging* n'a donc été que partielle.

Indexation professionnelle et folksonomies sont davantage complémentaires qu'antinomiques. On peut sans doute parier sur la coexistence des différents systèmes d'indexation, par les usagers et par des professionnels : les deux opérations ne répondent pas toujours aux mêmes objectifs. Les folksonomies présentent de forts avantages pour l'accès à de l'information rapide, voire dans le cas de la veille, tandis que l'intérêt de l'indexation professionnelle demeure, pour sélectionner de l'information à caractère plus durable[64].

64. *Cf.* Olivier Le Deuff, « Folksonomies », *BBF*, 2006, n° 4, p. 66-70, disponible sur bbf.enssib.fr.

1- Le succès des nouveaux modèles

Plusieurs réussites méritent d'être soulignées. Elles dépassent d'ailleurs le seul champ des folksonomies, tant les frontières et la définition même des projets sont dans la lignée des médiations numériques. La médiation des bibliothécaires et des professionnels de l'information reste primordiale même si elle est amenée à évoluer fortement. L'expression la plus fréquente est d'ailleurs celle de « médiation numérique ».

Sa définition est donnée par le bibliothécaire et blogueur Silvère Mercier : Il s'agit d'une « démarche visant à mettre en œuvre un ensemble de dispositifs techniques, éditoriaux ou interactifs favorisant l'accès organisé ou fortuit, l'appropriation et la dissémination de tout contenu proposé à des fins de formation, d'information et de diffusion des savoirs.[65] »

Cette prise en compte des dispositifs techniques et numériques dans les démarches de projet notamment en bibliothèque implique clairement une intégration et une adoption des potentialités des folksonomies et des outils du web 2.0.

• ***La Bibliothèque 2.0***

Un exemple bien classique de ces nouvelles formes de médiation numérique qui touchent les professionnels de l'information est justement l'inclusion d'éléments issus du web 2.0 dans les dispositifs en ligne, notamment les portails et les catalogues de bibliothèque. Il va de soi que ces fonctionnalités sociales ne pouvaient faire l'impasse sur les folksonomies. C'est une des prérogatives de la bibliothèque 2.0. L'évolution du numérique au sein des bibliothèques a fait

65. Silvère Mercier, « Médiation numérique en bibliothèque : une définition », article du 3 mars 2010, Bibliobsession.net.

émerger plusieurs expressions, dont celle de « bibliothèque hybride ». Le professeur et ancien bibliothécaire américain Jack Maness[66] considère que la bibliothèque 2.0 est justement un mixage de différentes applications et possibilités, ce qu'on appelle un *mashup*[67] : « La bibliothèque 2.0 est un mashup. C'est un hybride de blogs, de wikis, de médias en streaming, d'agrégateurs de contenus, des messageries instantanées et des réseaux sociaux. »

Parmi ces fonctionnalités sociales, le catalogue de bibliothèque informatisé OPAC (Online public acess catalog) a intégré ces possibilités comme la possibilité de commenter, d'ajouter un résumé, d'apposer une évaluation, de rajouter des tags, etc. Mais initialement, il existe des divergences profondes entre le modèle classique de la bibliothèque et le web 2.0 placé sous l'égide de la popularité.

Bibliothèque « classique » versus bibliothèque 2.0[68]

Modèle de la bibliothèque classique	Modèle de la bibliothèque 2.0
• Modèle des savoirs et de l'autorité (légitimité des auteurs, validation de l'information et des documents disponibles).	• Modèle basé sur la popularité (pas de hiérarchie dans la légitimité de l'expression, dans le web 2.0).
• Indexation normalisée (vedettes matières, taxonomies, etc.).	• Indexation dite libre. (folksonomies).
• Les usagers comme bénéficiaires de services.	• Les usagers comme participants ou cocréateurs.
• Recommandations provenant des professionnels.	• Recommandations populaires émanant des lecteurs et usagers.

66. Jack M. Maness, « Library 2.0 Theory: Web 2.0 and its Implications for Libraries », juin 2006, disponible sur Webology.ir.

67. Un *mashup* en informatique est un site web ou une application dont le contenu provient de la combinaison de plusieurs sources d'information. Le document composite produit est aussi appelé *compendium*. Source Wikipédia.

68. Tableau issu de mon article « La bibliothèque 2.0 », *Les Cahiers du Numérique*, numéro spécial, « Du web 2.0 au concept 2.0 », 2010, p. 97-118.

Les premiers modèles ne sont d'ailleurs pas bibliothéconomiques, mais proviennent du secteur commercial. Amazon, en permettant l'inclusion de commentaires et d'évaluations sur les produits et l'ajout de tags, représente un premier exemple à suivre. Des précisions quant aux règles de taguage y sont proposées[69] :

« Par défaut, les mots-clés sont publics et tout le monde peut les voir. N'utilisez pas :

- Un langage inapproprié, injurieux ;
- Des mots-clés susceptibles d'être abusifs ;
- Des mots-clés qui pourraient révéler des informations personnelles sur un mineur ;
- Des mots-clés faisant l'apologie d'une conduite illégale ou immorale ;
- Des mots-clés contraires aux conditions de participation ;

Nous vous conseillons de ne pas utiliser de mots-clés révélant vos données personnelles conformément à notre politique applicable. »

Si Amazon a pu constituer un modèle évident, d'autres plateformes ont influencé les catalogues de bibliothèques.

• *L'exemple de Librarything*

Le site Librarything, développé par Tim Spalding, sert de laboratoire d'usages et offre une richesse d'interactions et de fonctionnalités. Librarything est une application web de catalogage social, destinée à enregistrer et à partager des bibliothèques personnelles et des listes de livres. Depuis son ouverture, le 29 août 2005, le service a pris de l'ampleur et est devenu une gigantesque base de données. Fin mai 2012,

69. *Cf.* rubrique « Aide », Mots-clés Amazon, disponible sur Amazon.fr.

la plateforme contenait notamment plus de 1,5 million de membres, plus de 72 millions d'ouvrages catalogués et plus de 87 millions de tags ! La première fonctionnalité de Librarything est le catalogage automatique de livres via l'importation des données de librairies en ligne (Amazon notamment) et de catalogues de bibliothèques. Il est possible de modifier les notices récupérées et ainsi récupérer toutes les données à partir d'une requête par titre voire en tapant l'ISBN[70] de l'ouvrage. L'utilisateur a ensuite toute une série d'applications à sa disposition et peut bien évidemment taguer ses ouvrages. Outre les potentialités de taguage, les principales fonctionnalités de Librarything sont :

- De rechercher des livres ;
- De les ajouter à sa bibliothèque personnelle ;
- De se constituer un profil ;
- De consulter des avis et des critiques, tout en pouvant donner son avis ;
- De consulter des notices, qu'il est possible de modifier ;
- De produire des commentaires ou avis ;
- De se constituer un réseau de membres ayant des sélections similaires ;
- De consulter des recommandations de membres.

Au fur et à mesure, toutes ces possibilités permettent de générer un profil.

Librarything peut être assimilé à une bibliothèque 2.0, car il fonctionne sur un système de réseau social où les usagers interagissent entre eux à l'aide de tags, de commentaires et de suggestions. Librarything est traduit en plusieurs langues. Il constitue un véritable réseau social culturel des lectures

70. L' ISBN (International Standard Book Nummer) correspond au numéro unique attribué à chaque ouvrage publié.

avec des possibilités d'interactions et de gestion de ses activités personnelles assez puissantes. La plateforme avait été conçue au départ pour permettre à chacun d'organiser sa propre bibliothèque personnelle et de pouvoir répondre aux besoins de bibliothèques associatives n'ayant pas les moyens, ni le temps, de mettre en place un système informatisé de gestion de bibliothèque. La masse des usagers présents en fait une plateforme d'une grande richesse et un site intéressant pour observer les usages des folksonomies.

Les folksonomies de Librarything ne doivent pas être pensées comme un système isolé d'indexation, mais comme un système social aux fonctionnalités plus larges[71]. Librarything récupère des données de catalogues de bibliothèques, si bien que l'on y retrouve des mots-clés contrôlés, notamment ceux issus des vedettes-matière de la bibliothèque du congrès (Library of Congress Subject Headterms), ce qui permet parfois d'effectuer des comparaisons. On observe notamment que les tags sont plus directs et qu'ils sont libérés du politiquement correct. Pour certains types de littérature évoquant avec humour des relations homosexuelles, par exemple dans l'ouvrage d'Amistead Maupin, *Tales of the city*, les internautes auront utilisé les tags « queer » ou « gay fiction » tandis que la vedette matière mentionnait « City and town life > Fiction and Humorous stories ». Dans le cas présent, on comprend rapidement que l'indexation par tags est plus intéressante pour des usagers recherchant des lectures abordant une thématique précise. La question des genres littéraires, bien difficile à trancher, trouve ici une réponse intéressante puisque bien souvent les lecteurs recherchent un style d'ouvrage ou un roman sur une thématique précise. On ne s'éton-

71. Ce que recommandait déjà Jonathan Weber dans son étude « Tags and subject headings in librarything », 17 novembre 2006, Dystmesis.net.

nera donc pas du succès des tags « vampire » et des groupes de discussions sur le sujet. Ils figurent dans le top 75 et démontrent la forte domination des tags en anglais.

Top 75 tags (tag cloud)

fiction (4,053,508), non-fiction (1,616,648), fantasy (1,333,557), history (1,281,449), science fiction (949,947), mystery (798,693), read (649,203), biography (570,281), poetry (506,251), novel (502,735), humor (438,154), literature (431,727), romance (418,492), reference (415,066), unread (393,836), philosophy (388,669), young adult (383,948), art (365,760), religion (347,026), children's (338,543), science (337,864), historical fiction (329,306), short stories (314,790), own (293,085), sf (277,973), tbr (270,845), 20th century (260,949), series (254,308), picture book (241,345), travel (231,583), horror (227,704), ebook (225,659), manga (224,700), (222,486), children (219,906), comics (219,692), paperback (218,512), memoir (213,559), music (211,200), politics (204,853), wwii (203,042), cookbook (202,408), classic (197,394), graphic novel (195,964), anthology (189,187), classics (177,102), hardcover (176,850), england (175,452), crime (173,003), psychology (171,394), adventure (170,555), theology (166,925), thriller (163,336), animals (159,324), family (151,422), american (151,057), 19th century (149,279), cooking (147,873), vampires (144,583), essays (143,613), usa (142,399), christianity (141,765), mathematics (139,517), historical (139,209), sff (134,258), drama (132,420), wishlist (130,474), english (129,379), british (126,595), magic (123,149), autobiography (121,499), language (118,414), photography (117,590), american history (117,297), roman (116,505)

Le top des tags les plus utilisés sur Librarything.

Librarything offre un véritable tableau de bord en matière de statistiques qui peut intéresser des éditeurs, des bibliothécaires ou des libraires pour connaître les tendances. Depuis peu, il est possible de voir uniquement les tendances en français. Mais une des limites du système est qu'il ne permet pas de consulter les tags les plus utilisés en français : les tags ne sont pas différenciés selon les langues employées. À noter toutefois que Librarything sait gérer les expressions longues et est donc en mesure de proposer un nuage de tags des expressions les plus fréquemment utilisées.

Tim Spalding a voulu rendre un plus grand service aux utilisateurs en créant des *tagmash* (un mélange de tags) notamment pour affiner les requêtes par rapport aux besoins. Imaginons un lecteur un peu exigeant qui recherche des romans sur les zombies, mais avec un peu d'érotisme. Grâce au tagmash, il pourra trouver des réponses adéquates : 37 ouvrages lui sont ainsi proposés. Dans l'exemple suivant, on s'aperçoit que Librarything gère des listes de renvois (*includes*) entre tags afin d'élargir la recherche aux proximités sémantiques et notamment orthographiques.

Un exemple de tagmash.

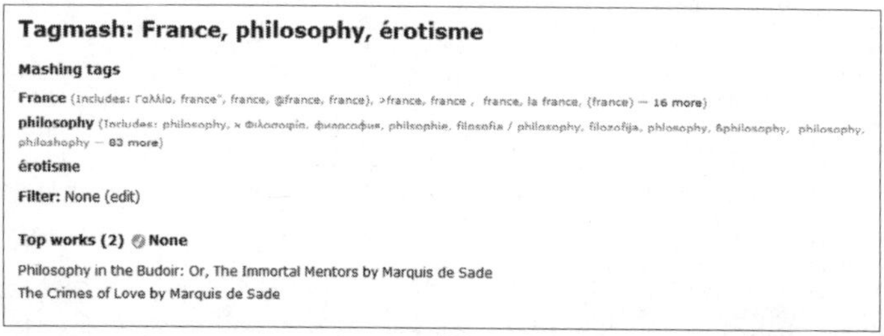

Certains tagmashs sont déjà créés à partir des requêtes d'utilisateurs. Toute requête nécessite un peu de patience, le temps que la plateforme Librarything calcule les résultats. Outre l'intérêt des résultats, c'est l'inclusion des requêtes et donc des pratiques sociales au sein même du catalogue qui devient extrêmement intéressante. Celui qui opère une requête devient créateur. Voilà qui dépasse nettement la seule recherche d'informations puisque la requête produit de l'information. La recherche par rebonds et par sérendipité devient possible en circulant parmi les tags relatifs (*related tags*).

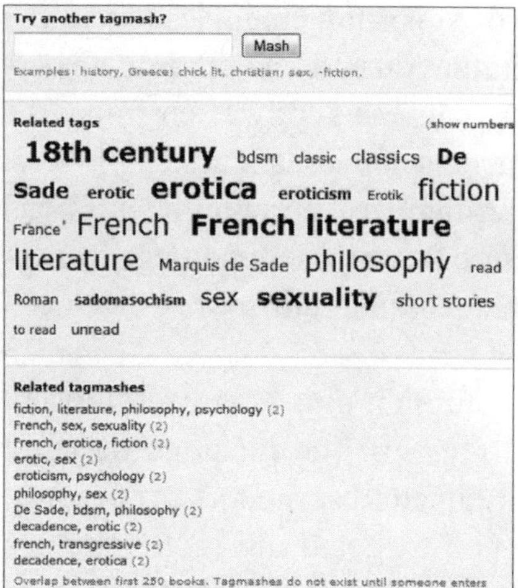

Un environnement sémantique pour poursuivre les recherches.

Librarything ne s'adresse pas seulement qu'aux lecteurs. Le service permet aussi aux auteurs de créer un compte, d'attacher à son compte ses ouvrages et donc de pouvoir échanger plus facilement avec ses lecteurs. Modèle d'une bibliothèque 2.0 ouverte, non institutionnelle, mais interopérable avec des bibliothèques officielles néanmoins, Librarything montre que les interactions sociales peuvent être riches. La plateforme constitue aussi un exemple notable de la réutilisation de données, elle est une véritable mashup capable de mixer plusieurs sources de données et de services. C'est aussi une source de données considérable, qui mériterait d'être davantage prise en compte, que ce soit pour des recherches, des stratégies de prospective commerciale ou éditoriale, voire pour la création de nouvelles interactions innovantes.

Le site Babelio (babelio.com) fonctionne un peu de manière similaire à Librarything, en constituant une communauté francophone de lecture. L'usage des tags n'est pas une pratique nécessairement majoritaire chez les usagers et quelques tags non pertinents sont parfois à déplorer comme le montre Anne Zemour[72]. Elle ajoute que les usagers utilisent les tags de manière subjective en privilégiant parfois un ressenti et qu'ils s'aident de données, comme le titre ou le nom de l'auteur, pour taguer. Balelio propose d'ailleurs des services aux bibliothèques en mutualisant les données de leurs usagers avec ceux des bibliothèques. Le service se nomme Babelthèque et est utilisé notamment par la bibliothèque de Toulouse. La liaison avec les outils professionnels est donc pleinement opérationnelle.

72. Anne Zemmour, « Indexation sociale et folksonomies : étude des principes d'organisation et de classement de l'information dans les bibliothèques 2.0 », 2011, disponible sur dumas.ccsd.cnrs.fr.

Les flux RSS et l'ajout de résumés sont parmi les fonctionnalités les plus utilisées au sein des catalogues.

Quel outil provenant du web 2.0 est le plus utilisé dans les catalogues ?

Réponse	Décompte	Pourcentage
Le flux RSS d'acquisitions à partir de requêtes.	66	39,29 %
La possibilité d'ajouter des résumés ou des commentaires.	65	38,69 %
L'inclusion de tags.	47	27,98 %
Le widget d'interrogation du catalogue via une barre de navigation ou une page comme Nervines.	36	21,43 %
La récupération de l'API du catalogue pour d'autres usages.	25	14,88 %

Les folksonomies peuvent permettre d'envisager des systèmes de catalogues hybrides, offrant deux types d'indexation. Le catalogue de la bibliothèque participe aussi à cette évolution, de nouvelles expressions telles que catalogues 2.0, OPAC 2.0, Social Opac (Sopac), Cataloblog et Catalogablog[73] apparaissent et s'imposent aujourd'hui comme une évidence technique. Actuellement, presque tous les projets de systèmes documentaires informatisés contiennent des fonctionnalités sociales. Il reste cependant à les faire exister réellement. En effet, il ne suffit pas d'intégrer la fonctionnalité de taguage pour qu'elle soit utilisée par les usagers. Une enquête sur la bibliothèque 2.0, que j'avais menée en 2010, auprès de 168 professionnels, démontrait qu'il restait encore pas mal de choses à faire et que la réalité de la bibliothèque 2.0 était encore loin d'être concrète.

73. Popularisé par David Bigwood sur son blog éponyme Catalogablog.blogspot.com.

Il semble donc que les tags soient quand même utilisés au sein des catalogues en ligne. Toutefois, on ne sait guère quelles sont les médiations et les utilisations réelles par les usagers et les apports pour les professionnels. Ces derniers voient d'ailleurs leurs compétences et prérogatives évoluer. La définition même du métier est en train de changer. La bibliothécaire américaine Laura Cohen, propose un manifeste du bibliothécaire 2.0[74], et le Canadien Stephen Abram définit le bibliothécaire de l'avenir comme « le gourou de l'âge de l'information »[75]. Les nouvelles compétences du bibliothécaire peuvent s'acquérir par le biais de communautés ou des réseaux spécialisés. L'aspect le plus marquant est d'ailleurs le phénomène des « biblioblogueurs », ces bibliothécaires et professionnels de l'information qui communiquent par le blog, échangent et participent à l'évolution du métier en mêlant les aspects du web 2.0 à ceux des modèles plus traditionnels.

Le succès des fonctionnalités sociales connait un essor du fait de médiations diverses qui sont autant des animations que des formations. Mais il s'agit aussi d'en faire des moyens de créer du lien entre les documents, mais également entre les personnes.

Les folksonomies permettent parfois de comprendre le public et ses manières de voir. Les tags employés doivent donc être pris comme des témoignages potentiels et il convient de les traiter comme tels. Il faut assurément prendre le tag dans une dimension bien plus large, notamment celle de l'annotation lorsque le tag s'accompagne d'autres éléments comme des commentaires ou des votes. C'est bien cet élargissement qui permet de mieux en apprécier leur portée.

---

74. Laura Cohen, « ALibrarian's 2.0 Manifesto », disponible sur Liblogs.albany.edu.
75. Stephen Abram, « Web 2.0, Library 2.0, and Librarian 2.0... », disponible sur Imakenews.com

2- Du tag à l'ontologie informatique

Les folksonomies évoluent et ne constituent pas des systèmes figés ou stables. Elles recouvrent déjà des réalités différentes. On a montré à plusieurs reprises qu'il ne fallait pas les considérer uniquement sous le seul angle de l'indexation. Toutefois, cette dimension a davantage suscité des recherches que les autres dimensions. Très vite, les tags sont apparus comme utiles, mais leur insuffisance et imprécision a été souvent soulignée. Plusieurs dispositifs ambitieux sont présentés dans ce chapitre. Ils visent principalement à conférer un sens plus précis et mieux cadré aux tags employés.

Le futur des folksonomies est encore à construire, ce que rappelle Pierre Lévy : « Mais aussi imparfaites que soient les folksonomies de 2010, elles préfigurent la conversation créatrice du futur, capable de proposer sur la mémoire universelle autant de points de vue qu'il existe de communautés humaines et de centres intérêts.[76] »

• *Le tag : un élément à mettre en relation*

Les tags sont parfois insuffisants pour décrire précisément une ressource. Il serait alors plus simple de créer des champs de tags, à l'instar des classifications à facettes, afin de mieux circonscrire le domaine où est utilisé le tag. Cette voie a notamment été envisagée par les équipes de Yahoo! pour Flickr et Delicious avec les *machine tags*.

76. Pierre Lévy, *La Sphère Sémantique*, tome 1, « Computation, cognition, économie de l'information », Hermes Science Publications, 2011, p. 131.

Les *machine tags*

Dans Flickr, la liste des tags est parfois suivie d'un « afficher les tags de programmation » (*Show machine tags*) qui, dès que l'on clique dessus, ouvre une porte sur des tags d'un autre genre : des tags quelque peu organisés.

Si on prend l'exemple suivant pour catégoriser une image de la collection « accessceramics », elle possède en effet des tags « structurés » :

accessceramics:date=2001
accessceramics:height=12
accessceramics:width=24
accessceramics:depth=9
accessceramics:title=White_Garbage
accessceramics:artist=David_packer
accessceramics:technique=handbuilt
accessceramics:temperature=Cone_06
accessceramics:glazing=glaze
accessceramics:material=clay
accessceramics:object_type=Sculpture

White Garbage.
David Packer, n.d.
www.flickr.com.

Ce sont tout simplement des tags organisés par champs. Une même photo peut avoir des tags classiques et des *machine tags*. Les machine tags peuvent être remplis manuellement ou en utilisant l'API (interface de programmation) de Flickr. On voit bien dans les champs proposés qu'il s'agit en fait d'une description plus précise grâce à des champs structurés. Le libellé introductif du site Accessceramics.org désigne le nom d'une collection ou plutôt d'un projet documentaire visant à la description des collections de céramique contemporaine.

Le *machine tag* fonctionne comme un triplet à l'instar du web de données, sous la forme d'un triple tag. On est proche des triplets Rdf, si ce n'est que l'espace de nom (*space name*) est clairement défini dans le langage Rdf par la référence à une adresse URI (Uniform Ressource identifier)[77], ce qui n'est pas le cas des machines tags où justement ces espaces de noms manquent souvent de rigueur. La définition de Patrick Peccatte[78] des machines tags permet de mieux saisir leur portée :

77. Littéralement : identifiant uniforme de ressource, Un URI est une courte chaîne de caractères identifiant une ressource sur un réseau (par exemple une ressource web) physique ou abstraite, et dont la syntaxe respecte une norme d'internet mise en place pour le World Wide Web. » Source : Wikipédia.
78. Patrick Peccatte, « Un nouveau projet documentaire basé sur Flickr : accessCeramics », billet du 21 décembre 2008, disponible sur Blog.tuquoque.com.

« Les *machine tags* sont des tags Flickr habituellement générés par des programmes (d'où leur nom tags de programmation dans l'interface française de Flickr). Un *machine tag* est un tag de la forme : *namespace:field=value*, où :

- namespace est un espace de nom ;
- *field* est une propriété (ou prédicat) qui appartient à la classe, la « facette » définie par l'espace de nom ;
- *value* est une valeur; comme pour les tags Flickr habituels, les guillemets sont requis si la valeur comporte un espace.

Il est ainsi possible non seulement de définir des relations de la forme propriété-valeur, mais également de regrouper ces relations sous un même espace de noms. Exemple :

- dc:title="le titre de la photo"
- *dc* est un espace de noms
- *title* est une propriété appartenant à l'espace de nom *dc*
- "le titre de la photo" est une *valeur*

Il est aussi possible de définir un *machine tag* précisant l'espace de nom à la manière XML :

xmlns:dc=http://purl.org/dc/elements/1.1/

Ce qui permet de spécifier que l'espace de nom *dc* utilisé dans le *machine tag* donné en exemple précédemment est bien le Dublin Core.

Les *machine tags* ont connu un succès mitigé du fait d'une part d'un manque de publicité autour et d'une démocratisation peu développée, et d'autre part, car les possibilités de recherche associées et le relatif manque de cohérence dans leur utilisation n'a pas permis un plus large développement. C'est aussi un symbole des limites du web 2.0 qui doit faire face à des usagers relativement incompétents dans les usages avancés. Un module de recherche a toutefois été développé par Paul Mison : le *machine tag browser*[79]. Dans l'image ci-contre, il est possible de parcourir les champs d'un projet pour mesurer son ampleur.

Faute d'un système pleinement rigoureux, il est parfois difficile de se servir pleinement des *machines tags* en matière de recherche d'informations, d'autant que les espaces de noms ne sont pas toujours pleinement utilisés de façon efficace du fait qu'aucune adresse URI n'est parfois mentionnée.

79. Disponible sur : husk.org/code/machine-tag-browser.html

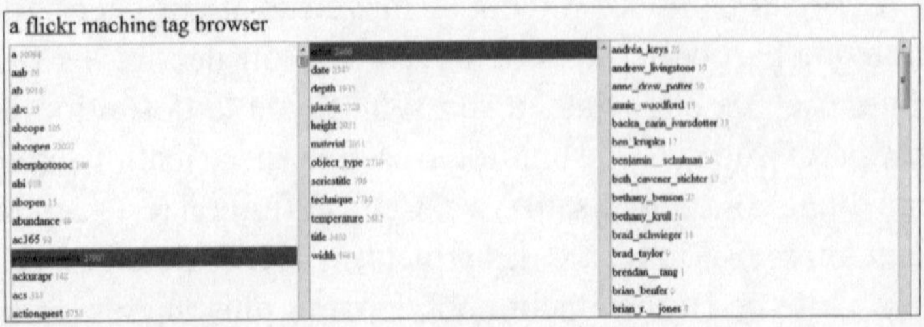

Un aperçu du *machine tag browser* à partir du projet accessceramics

J'ai plaidé à plusieurs reprises pour des systèmes de ce type dans les signets sociaux. Plusieurs pistes sont possibles. On pourrait certes se contenter de simples champs pour mieux décrire la ressource par des tags, mais il est sans doute plus intéressant d'aller un peu plus loin en profitant du développement du web de données. Cela ne nécessite pourtant pas d'énormes développements parfois. On peut ainsi imaginer des champs nouveaux portant sur le nom de l'auteur, sur des éléments temporels ou géographiques abordés par la ressource. Il est vrai que d'aucuns rétorqueront que c'est le retour à une logique documentaire plus classique. C'est sans doute vrai, mais il est probable que cette logique permettrait aux tags une plus grande utilité.

• *Les ontologies*

La prise en compte des tags par les ontologies existe depuis quelques années. Il reste que cette prise en compte n'est pas toujours optimale et qu'elle demeure simpliste dans de nombreux systèmes qui se contentent de décrire que « telle ressource est catégorisée par tel tag, par tel usager », par exemple. C'est évidemment insuffisant.

Les ontologies constituent un moyen de mieux décrire un domaine particulier afin de mieux pouvoir décrire les ressources et les éléments en son sein. Selon la définition de Thomas Gruber, « une ontologie est une spécification explicite d'une conceptualisation »[80]. Cette définition reste cependant imprécise au regard des projets du web de données. Dès lors, celle de Bruno Bachimont apparaît plus intéressante : « Définir une ontologie pour la représentation des connaissances, c'est définir, pour un domaine et un problème donnés, la signature fonctionnelle et relationnelle d'un langage formel de représentation et la sémantique associée.[81] »

Les ontologies utilisent le langage OWL (Ontology Web language) qui est conçu comme une extension du RDF (Resource Description Framework) et du RDF Schema (RDFS). RDF est basé sur un triplet (sujet, prédicat, objet) :

- Le *sujet* représente la ressource à décrire ;
- Le *prédicat* représente un type de propriété applicable à cette ressource ;
- L'*objet* représente une donnée ou une autre ressource : c'est la valeur de la propriété.[82]

« Sujet-Prédicat-Objet » n'est pas sans rappeler la structure d'une phrase simple : Sujet-Verbe-Complément. Ainsi, la description d'une ressource identifiée par un URI passe par un ensemble de triplets, appelés assertions, dont la ressource est membre. Par exemple, si je veux exprimer l'assertion

80. Thomas R. Gruber, « Towards Principles for the Design of Ontologies Used for Knowledge Sharing », *Formal Ontology in Conceptual Analysis and Knowledge Representation*, Kluwer Academic Publishers, 1993.

81. Bruno Bachimont, « Engagement sémantique et engagement ontologique : conception et réalisation d'ontologies en Ingénierie des connaissances », *in* J. Charlet, M. Zacklad, G. Kassel, D. Bourigault, *Ingénierie des connaissances. Évolutions récentes et nouveaux défis*, Eyrolles, 2000.

82. *Cf.* l'article « Triplet RDF sur Wikipédia.

suivante « Tim Berners-Lee est une personne », elle correspond à la relation par le concept « est » des entités « Tim Berners-Lee » et du concept de « personne »[83].

L'idéal étant de pouvoir relier chaque élément du triplet à un URI. Ainsi la définition de Gautier Poupeau qui précède peut se traduire dans le tableau suivant par des URI[84].

Tableau de la traduction en triplet de la phrase :		
Sujet	**Prédicat**	**Objet**
<http://www.lespetitescases.net/les-technologies-du-web-semantique>	<http://purl.org/dc/terms/creator>	<www.lespetitescases.net/foaf_got.rdf>
Ici l'URI est en fait l'URL de la ressource, c'est-à-dire le billet de blog.	On renvoie au Dublin Core qui définit l'auteur, c'est-à-dire le créateur de la ressource avec l'élément « creator ».	L'URI renvoie au profil qui définit l'identité de Gautier Poupeau selon le format FOAF (Friend Of A Friend).

Le triplet peut également être représenté sous la forme d'un graphe qui permet de gagner en souplesse en ajoutant de nouveaux triplets. L'ensemble de ces triplets sous forme de graphes permet d'envisager à terme un web interrelié, un « graphe global géant » du web comme l'avait énoncé, en 2007, Tim Berners-Lee. Le graphe facilite les visualisations des relations existantes.

83. *Cf.* Gautier Poupeau, « Les technologies du web sémantique », 15 août 2011, sur Les petites cases.net.
84. Les puristes noteront que la pérennité est davantage assurée par l'URI qui renvoie à l'élément auteur du format Dublin Core.

• *Folksonomies et ontologies*

La prise en compte des tags dans les ontologies et dans les langages du web de données constitue une forme de manifestation d'un web sociosémantique qui repose à la fois sur des langages et des formalisations réalisées par des professionnels et dont une partie du sens émanerait des interactions sociales, c'est-à-dire des usagers eux-mêmes. Une sorte d'entre-deux entre le projet initial du web sémantique de Tim Berners-Lee et la réussite du web 2.0 pour offrir de nombreux services aux usagers.

Le tag apparait intéressant de par son succès et ses nombreuses utilisations, mais il s'avère limité du fait qu'il est unique. Cette unicité est peu porteuse au niveau sémantique, et source de confusions, par exemple du fait de la synonymie ou de l'homographie. Une des solutions consisterait à rapporter au tag utilisé un référent extérieur identifié par une adresse URI qui puisse pleinement expliquer le tag choisi sans risque de confusion.

Plusieurs modèles existent pour tenter de décrire les tags, notamment SCOT (Social Semantic Cloud of Tags)[85], Commontag ou bien encore MOAT (Meaning of a tag).

- Le MOAT

Ce système vise donc à associer à un tag un URI, qui selon la norme doit être unique et pérenne. Ce modèle développé par le chercheur Alexandre Passant vise à produire un environnement sémantique autour du tag, comme dans le schéma ci-contre.

85. SCOT a vise surtout une interopérabilité dans l'échange d'informations autour des tags.

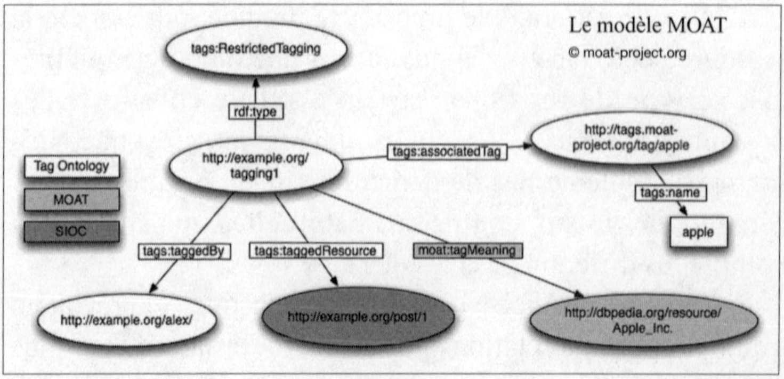

Pour les non-initiés, ce genre de modèle peut être complexe, mais il s'agit surtout de le rendre fonctionnel de façon que les utilisateurs finaux n'aient pas à manipuler l'ontologie directement[86]. MOAT constitue une avancée intéressante[87] en précisant les relations des tags utilisés. Les autres modèles se contentaient de prendre en compte l'existence du tag avec, dans le modèle SCOT, une simple mention du type « *has tag* » (possède un tag) ou, dans le modèle Commontag, « *tagged* » (est taguée par). Dans de nombreux modèles, il n'y a pas de véritable dispositif ontologique associé aux tags.

- Le Nice tag

Le modèle Nice tag quant à lui cherche à mieux définir cette relation entre un tag et une URI en lui adjoignant un prédicat, afin de passer outre les divers problèmes de sens qui pourrait résulter d'une simple association.

86. Le lecteur intéressé pourra consulter la rubrique « Meaning af of a Tag » sur Wikipédia, qui explique les relations définies ainsi que les vocabulaires associées, SIOC notamment.

87. « Ainsi, MOAT étend le modèle de triplé habituel au modèle de quadruplé suivant : Tagging (User; Resource; Tag; Meaning). En utilisant MOAT, ces significations (locale et globale) peuvent être définies par l'utilisateur. MOAT fourni un format compréhensible par la machine en utilisant une ontologie particulière. Il se base sur les URI des concepts de bases de connaissances comme DBpedia, GeoNames pour les définir. ». *Cf.* Amel Bourenane, Samuel Szoniecky, Imad Saleh (dir.), « Les perspectives du tagging sémantique », Laboratoire Paragraphe, 2009.

L'objectif est donc de préciser le prédicat qui associe la ressource et le tag en s'appuyant sur une ontologie qui précise le type de relations. Le but étant de constituer des « graphes nommés ». Ce qui est intéressant, c'est que Nice tag ne se contente pas de demeurer sur un éclaircissement sémantique lié aux confusions habituelles, mais prend en compte les différents usages des tags.

L'ontologie du Nice tag est assez exhaustive[88] et prévoit un grand nombre de relations possibles. Le projet se veut plus respectueux des recommandations du W3C autour du web sémantique (web de données) et cherche à mieux prendre en compte la réalité sociale du *tagging*, notamment celle des signets sociaux. Les lecteurs intéressés pourront se rapporter au diaporama en ligne qui explique le processus et la mise en place de Nice tag[89].

- La perspective IEML

Pierre Lévy a créé le langage sémantique IEML (Information Economy MetaLanguage) dans le but d'être simultanément interprétable de manière optimale par les ordinateurs et capable d'exprimer des nuances dans les relations et les expressions. La finalité immédiate d'IEML est de résoudre le problème de l'interopérabilité sémantique – le « chaos numérique » – qui vient de la multitude des langues naturelles, des systèmes de classifications et des ontologies. IEML fonctionne comme un « langage pivot », un système d'adressage des concepts capable de connecter différents systèmes de catégorisation et d'organisation des données qui resteraient sans cela incompatibles.

88. On peut consulter la page « Nice Tag Ontology » sur le site Inria.fr.
89. *Cf.* Fabien Gandon, « Nice Tag Ontology : modeling tags as RDF named graph », mis en ligne sur Slideshare.net.

Il est impossible ici de traduire en peu de lignes l'ambition d'un tel projet. Ce langage utilise une adresse sémantique unique sous la forme d'USL (Uniform Semantic Locator). On peut comparer l'USL à un URI qui est son équivalent pour le web.

Quel rapport avec les folksonomies en dehors d'une forme d'intelligence collective chère à Pierre Lévy ? Les signets sociaux peuvent à nouveau être intéressants ici. En effet, Evalactisem[90] est un projet de traduction de tags présents sur Delicious en langage IEML. Hélas, le projet semble ne pas avoir évolué depuis 2009. Pourtant, il reste clairement des pistes à exploiter pour donner du sens et un poids à ces formes d'intelligence collective qui méritent mieux que de simples transformations en mécanisme de popularité. Désormais, il reste à trouver les porteurs de sens.

• *Des perspectives sociosémantiques*

Les relations entre folksonomies, les autres types d'indexation et les ontologies ne sont pas antinomiques. Des études avaient d'ailleurs démontré que le tag le plus fréquemment employé par les usagers était très proche d'une indexation réalisée par un professionnel.

Au lieu de privilégier l'axe documentaire traditionnel qui consiste à mieux décrire et transmettre les connaissances, l'intérêt stratégique des leaders du web réside dans une logique du profit et d'une description des individus. Le choix de Google de traiter désormais des données mieux définies afin de proposer des réponses immédiates, notamment en s'appuyant sur les résultats de Wikipédia, pourrait changer la donne.

---

90. *Cf.* « Evalactisem », sur code.google.com.

L'objectif est de rapprocher pratiques sociales et organisation des connaissances. L'idéal serait que les usagers puissent enrichir la sémantique du web dans une perspective collective et collaborative[91]. Il reste à attendre une maturité des technologies, des dispositifs et sans doute aussi des usagers.

- Le cas des wikis sémantiques

Les wikis ont très tôt cherché à imaginer des moyens de conférer plus de sens aux tags et plus de possibilités de gestion du sens aux usagers. Le logiciel Sweetwiki (Semantic Web Enabled Technology Wiki) développé par Michel Buffa de l'Inria a connu des évolutions continues pour permettre une meilleure gestion des tags au sein d'un wiki. Toutefois, ce genre d'applications reste trop discret.

- Le *tagging* sémantique d'un corpus d'histoire des arts

L'histoire des arts est une discipline dispensée depuis peu au collège, principalement en classe de troisième où elle est évaluée pour le brevet des collèges. Il existe donc un corpus de ressources, de séances et de réflexions sur le sujet réalisé avec le soutien du ministère de la Culture et de la Communication qui s'est concrétisé autour d'un site portail de près de 5 000 ressources gratuites en ligne (histoiredesarts.culture.fr). Les ressources émanent de plusieurs sites institutionnels.

Le portail interagit avec la sémantisation de Wikipédia notamment la version DBpedia. L'objectif actuel de l'équipe éditoriale est de désambiguïser les tags, soit 70 000 occurrences réparties dans 5 000 notices. Le but a été de relier au

91. Freddy Limpens, Fabien Gandon, Michel Buffa, « Helping online communities to semantically enrich folksonomies », Web Science Conf., avril 2010, Raleigh, NC, USA.

maximum les tags avec les notices de Wikipédia. Un gros travail a été réalisé automatiquement à partir des listes de complétion[92] de Wikipédia qui gère déjà une bonne partie des ambiguïtés liées aux synonymies. Le projet cherche à intéresser de plus en plus d'usagers, d'autant que l'essentiel de la recherche d'informations porte sur des tags[93]. En effet, l'usager a la possibilité d'affiner sa recherche avec des tags qui sont jugés en relation avec sa recherche. Le projet est intéressant, car il montre les étroites relations qui sont en train de se nouer entre *tagging* et ontologie. On note aussi la volonté de guider de plus en plus l'activité de taguer afin que la sagesse des foules soit plus efficace.

Un usager qui irait dans le domaine « arts de l'espace » se voit ainsi proposer une navigation par tags associés. Il peut ensuite rebondir sur les tags proposés.On constate que

La navigation par tags sur site www.histoiredesarts.culture.fr

Les ontologies et le web sémantique ne sont donc pas antisociaux et des perspectives communes sont possibles. La communauté reste toutefois très partagée sur le fait que certains théoriciens du web de données estiment que l'ontologie reste le meilleur moyen de conférer du sens aux ressources. La position de Manuel Zacklad, souvent critiquée par les puristes du web sémantique, a le mérite de mettre

92. Wikipédia propose ainsi des listes qui reprennent les différents sens d'un mot, ou d'une expression afin que l'usager clique sur le lien le plus pertinent.

93. Pour en savoir plus, lire l'article de Bertrand Sajus, « Le tagging sémantique du corpus Histoire des Arts : à la croisée du 2.0 et du 3.0. », *Documentaliste-Sciences de l'information*, n° 2, 2012, p. 12-15.

en avant une position intermédiaire, qui prend en compte une diversité de phénomènes et d'éléments. « L'appellation de web sociosémantique [...] a été choisie en réaction vis-à-vis du courant du "web sémantique" très dominant et hégémonique dans les conférences scientifiques en ingénierie des connaissances et qui privilégiait la modélisation formelle des connaissances (logique mathématique). Une grande partie des articles présentés ici contestent cette approche au nom, notamment, d'une "logique de l'enquête".[94] »

Le présent ouvrage s'inscrit dans cette dynamique, en cherchant à ne pas isoler les folksonomies dans une seule dimension et approche. Il est souhaitable de laisser une liberté d'analyse aux folksonomies afin que ces dispositifs ne soient pas trop vite catégorisés de façon rigide.

3- Les signets sociaux

Parmi les dispositifs qui utilisent les folksonomies et qui les ont mis au cœur, les signets sociaux s'avèrent un excellent exemple. Ils sont probablement la meilleure réussite en matière de folksonomie et sans doute également une des applications les plus intéressantes issues du web 2.0. Étonnamment, aujourd'hui encore nombre d'usagers les découvrent à peine.

• ***Un dispositif puissant***

Les signets sociaux sont donc le prolongement en ligne d'une pratique qui était initialement liée au navigateur. L'usager ajoutait au répertoire de signets de son navigateur les

94. Citation extraite de la page de Manuel Zacklad, disponible Zacklad.org.

sites qu'ils jugeaient dignes d'intérêt pour pouvoir y retourner en un clic. Les usagers les plus avancés s'étaient constitués peu à peu des répertoires organisés. En 1997, alors que j'étais étudiant en licence d'histoire, mention documentation, les enseignants qui nous formaient nous conseillaient fortement d'avoir un répertoire sérieusement organisé. Un réflexe issu bien sûr des habitudes bibliothéconomiques, mais qui s'avérait précieux lorsque la somme de sites pertinents commençait à dépasser la centaine. Les enseignants nous incitaient donc à enregistrer nos signets sur disquette, car nous travaillions à l'université chaque jour sur des postes différents. Il fallait à chaque fois prendre soin de bien enregistrer les signets pour pouvoir les retrouver et les consulter la fois suivante. C'était l'époque où Netscape était le navigateur le plus en vogue. Évidemment, cette pratique rigoureuse était peu suivie. Les usagers se cantonnaient dans l'utilisation de ce répertoire de signets ou de favoris sur leur ordinateur personnel et oubliaient d'en faire des sauvegardes. Si bien qu'à chaque reformatage du disque dur ou accident de mise à jour du navigateur, les signets, parfois appelés favoris ou marque-pages, étaient perdus.

Aujourd'hui, on peut toujours user des favoris et des signets du navigateur, mais leurs usages sont plutôt liés à une fréquence d'utilisation qu'à une volonté de conservation et d'organisation. On place dans les favoris les sites sur lesquels on revient le plus souvent. Toutefois, cette pratique ne semble plus pertinente puisqu'une large partie des requêtes effectuées sur les moteurs de recherche est un moyen d'accéder à un site que l'on connaît, sans avoir à en taper l'adresse.

Les signets sociaux ont donc constitué une formidable avancée en permettant un accès aux signets en ligne indépendamment du navigateur. Un avantage louable quand on doit changer fréquemment de lieux de travail. Une solution pratique consiste à implémenter sur une clé USB[95] son navigateur favori avec tous ses paramétrages personnalisés, mais la puissance des signets sociaux va bien au-delà de la simple assurance de conservation.

Le premier acteur phare des signets sociaux fut Delicious, auquel d'ailleurs on n'accédait initialement via l'adresse un peu étonnante : del.icio.us, ce qui perturbait beaucoup les usagers français en matière de prononciation. La start-up, créée en 2003 par Joshua Schachter, a été classée dans la catégorie du *social bookmarking* (signets sociaux). L'entreprise fut la pionnière en la matière et suscita donc les convoitises de Yahoo! qui la racheta en 2005. La plateforme qui détient le plus grand nombre d'usagers a tardé à innover, si bien que de nombreux concurrents ont émergé (dont beaucoup ont disparu aujourd'hui). Les rumeurs de fermeture se multiplièrent ce qui a inquiété bon nombre d'usagers. Finalement en avril 2011, Delicious subit un nouveau rachat par les créateurs de YouTube, Chad Hurley et Steve Chen, via leur société Avos. Le site évolue dans son design et ses fonctionnalités, mais sans convaincre les habitués. Pourtant la puissance de l'outil est indéniable : plus de 5 millions d'utilisateurs revendiqués en 2008, et plus de 180 000 millions d'adresses uniques « bookmarquées ».

Ce qui va bouleverser les usages, avec l'arrivée de Delicious, c'est l'implémentation des tags pour gérer ses signets. Et le plus grand avantage du tag, c'est qu'il permet de sortir des logiques de catégorisation stricte et des arborescences qui obligent à placer une adresse web dans un seul répertoire. Dès lors, le premier privilège est donc celui de pou-

95. On songe notamment à la *framakey* qui permet de rassembler sur une clé usb toute une série de logiciels libres et notamment le navigateur issu de Firefox, Framafox.

voir taguer et mettre autant de mots-clés que l'on juge nécessaire. La logique est pleinement celle que décrivait Clay Shirky en considérant qu'on ne pouvait pas gérer une adresse web comme un ouvrage papier.

Il faut quand même préciser que l'indépendance vis-à-vis du navigateur n'est pas totale, car pour bénéficier des meilleures fonctionnalités des signets sociaux, il faut implémenter un *plug-in* ou *add-on* sur le navigateur pour justement « bookmarquer » les sites que l'on juge intéressants. Une fois le plug-in ajouté, il suffit de cliquer sur l'icône dédiée pour ouvrir une petite fenêtre qui récupère le titre de la page, l'adresse URL et qui offre la possibilité d'annoter le document et bien sûr de lui rajouter des tags.

- L'exemple de Diigo

Le projet développé par Maggie Tsai et son conjoint fut lancé en 2006 et a su très vite conquérir un public exigeant à l'instar de la plateforme Ma.gnolia qui fut longtemps la plus avancée. Intelligemment, le site a permis dès le début de ne pas nécessairement abandonner Delicious grâce à une fonctionnalité qui permettait de taguer à la fois sur Diigo, mais aussi en même temps sur d'autres plateformes comme Delicious. Certes, cela peut ressembler à une forme de doublon voire à une infopollution, mais en fait cela permet une conservation plus sûre puisque les signets sont conservés sur deux services distincts, ce qui limite les risques de déperdition. Ma.gnolia permettait également de conserver ces signets sur Delicious à l'origine, ce qui m'a permis d'être un des rares « folsonomistes » épargnés par la déperdition totale des données lors du crash des serveurs de la start-up américaine. Un évènement qui à notre sens marque fortement l'histoire des signets sociaux en rappelant que si ces outils offrent les moyens de conserver et de tout stocker, leur pérennité n'est jamais totalement absolue. Les usagers doivent se montrer prudents, soit en doublant automatiquement leurs signets sur un autre service de manière simultanée, soit en faisant des exports sous format XML à la fois par sécurité pour conserver des années de taguage et d'annotation, mais également pour changer de prestataire de services le cas échéant quand le besoin se fait sentir. Diigo a su à l'inverse anticiper les évolutions et répondre aux usagers qui voulaient migrer leurs données depuis un autre service.

Sur la page d'accueil de Diigo on peut lire le slogan « *Research, share, collaborate* », qui reste dans l'esprit web 2.0, tandis que celui de la page utilisateur, « *Annotate, archive, organize* », s'inscrit davantage dans l'organisation des connaissances et la production de métadonnées. La plateforme présente des potentialités plus riches que les concurrents et s'avère un réseau social prisé notamment par des acteurs du monde éducatif. Plus de 1 300 groupes thématiques[96] sont ainsi consacrés à des thématiques éducatives ou de recherche. La plateforme est en fait de plus en plus un véritable réseau social avec des fonctionnalités avancées.

Sur l'image ci-contre, on peut voir que certains tags sont recommandés. Ils sont générés automatiquement à partir d'éléments de la page de titre et parfois sont issus des tags utilisés par d'autres usagers du service pour la même ressource. Il est possible de garder tout ou partie de ses signets privés. Il suffit de cocher la case en haut à droite « Private ». Diigo offre d'autres services potentiels comme la possibilité d'ajouter la ressource taguée à un groupe collectif, de

96. Beaucoup de groupes ne dépassent pas 3 ou 4 membres, plus d'une centaine n'en contenant d'ailleurs qu'un seul. Il faut toutefois souligner la présence de groupes massifs de plus de 1 000 membres, notamment autour des aspects liés aux nouveaux outils du numérique et leurs conséquences sur la pédagogie.

créer une liste voire de taguer automatiquement « à lire plus tard ». En effet, un grand nombre des usagers taguent, mais remettent à plus tard la lecture au risque de se trouver avec d'innombrables ressources à lire. De plus tard à jamais il n'y a qu'un pas, et en cela les habitudes numériques ne sont pas totalement nouvelles et différentes de celle qui consiste à entasser des documents et des ouvrages que l'on doit lire un jour.

La fonction « upload cache » n'est pas anodine : elle permet de se constituer une archive du document au moment exact om on l'a tagué. Ce qui est extrêmement pratique lorsque l'on place en signet une URL dont le contenu est susceptible d'évoluer. La fonctionnalité « Twitter this » permet simplement de partager le lien sur le réseau Twitter. Il est également possible via « Save and send » de sauvegarder le lien et de l'envoyer à une autre personne du réseau Diigo ou de le signaler par mail.

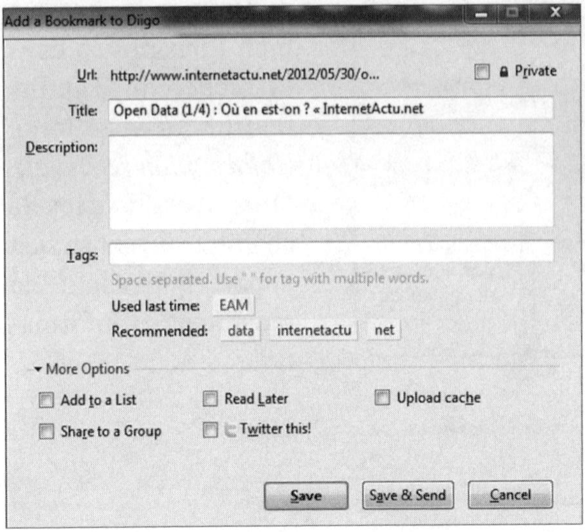

La fenêtre qui permet de taguer et d'annoter une ressource.
Ici l'exemple de Diigo.

les folksonomies sont toujours entourées d'autres fonctionnalités sociales et de médiation. Elles relèvent de compétences informationnelles plus larges, notamment en s'inscrivant dans des processus de sélection de l'information qui s'opèrent durant la navigation et prennent en compte les découvertes issues des agrégateurs, des réseaux sociaux et des messageries électroniques. Avec les signets sociaux, on est donc clairement dans une logique de constitution d'un environnement personnel de travail (*Personal Knowledge Management*), ce que Christophe Deschamps nomme à juste titre un nouveau management de l'information[97].

Les fonctionnalités de base des signets sociaux tournent donc autour de la devise de Diigo (annotation, archivage, organisation), auxquelles il faut ajouter la potentialité de partage (*share*). Évidemment, il faudrait considérer également la dimension de recherche d'information, mais il est préférable de la considérer comme transversale à toutes les autres, voire de manière méta, car le but est bien l'inscription dans la recherche d'information au sens large (*information retrieval*). On reviendra dans le chapitre suivant sur cet apport nouveau à la recherche d'informations.

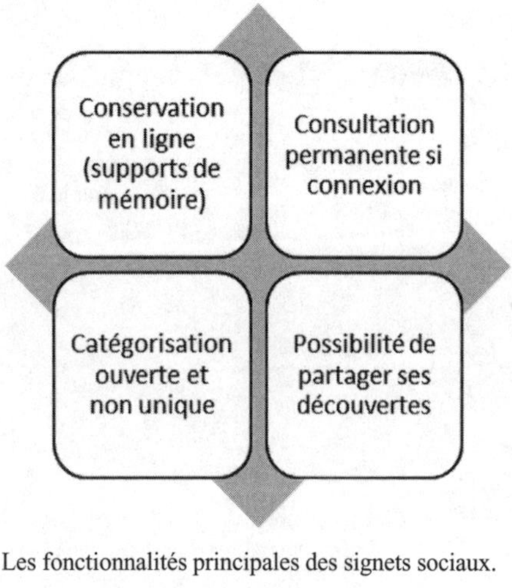

Les fonctionnalités principales des signets sociaux.

97. Christophe Deschamps, *Le Nouveau Management de l'information. La gestion des connaissances au cœur de l'entreprise 2.0*, FYP Éditions, 2009.

Les principaux sites de signets sociaux

Il existe beaucoup de sites autour des signets sociaux. Leurs fonctionnalités sont parfois différentes. Certains ont disparu alors qu'ils semblaient promis à un brillant avenir. Heureusement, les différents sites ont veillé à l'interopérabilité de leur système le plus souvent en utilisant le format XML. Les principaux sites dans le domaine sont regroupés dans le tableau ci-dessous. Les frontières entre signets sociaux, plateformes de classement de billets par popularité et sites de gestion de références sont parfois floues.

Tableau des différents sites de signets sociaux[98]

Nom	**Particularités**	**Adresse (www)**
Balatarin	Site iranien très populaire en Iran basé à l'instar de Digg sur des votes positifs ou négatifs.	balatarin.com
BibSonomy	Plateforme orientée recherche réalisée par une université allemande.	bibsonomy.org
Bookmark Sync	Utilitaire qui permet de synchroniser ses signets sur tous ses navigateurs. Un private social bookmarking.	bookmarksync.com
CiteUlike	Plateforme de partage de références principalement scientifiques. Une ontologie permet de décrire plus finement les relations entre articles.	citeulike.org
Connotea	Plateforme de partage de ressources scientifiques lancée par le magazine scientifique *Nature*.	connotea.org
Delicious	Le pionnier.	delicious.com

98. *Cf.* « List of social bookmarking websites » sur Wikipedia.org.

Nom	Particularités	Adresse (www)
Digg	Plateforme de classement par popularité. Plus utilisée pour propulser ses propres contenus ou voir ce qui fait le buzz. Le site vient d'être racheté en juillet 2012 pour 500 000 dollars par la société Betaworks[99].	digg.com
Diigo	L'outil le plus abouti dans le domaine, même si Evernote le surpasse dans les usages mobiles par certains aspects. Evernote est toutefois bien plus qu'un système de gestion de signets.	diigo.com
Folkd	Plateforme de partage de signets avec de la publicité un peu envahissante	folkd.com
Give A Link	Application pour gérer ses signets, les visualiser graphiquement avec des prolongements ludiques pour le taguage et l'annotation.	givealink.org
Knowledge Plaza	Plateforme pour gérer ses informations personnelles.	knowledgeplaza.net
Licorize	Plateforme qui permet de gérer ses signets, mais aussi ses *to do lists* (liste de choses à faire).	licorize.com
Linkwad	Une extension pour Firefox pour gérer ses signets et les retrouver n'importe où.	linkwad.com
Maths News	Un outil au design proche de Digg qui vise à mettre en avant les ressources sujet des mathématiques.	mathsnews.com
Mister Wong[100]	Une plateforme parmi les premières à avoir concurrencé Delicious.	mister-wong.com
Newsvine	Site qui s'oriente davantage vers un agrégateur de médias.	newsvine.com
Oneview	Application allemande à télécharger pour partager des liens.	oneview.de

99. Un rachat pour une somme dérisoire compte tenu des financements de plusieurs millions de dollars et surtout du fait qu'il y a quelques années, des rumeurs évoquaient son rachat par Google pour des centaines de millions de dollars.

100. Le personnage asiatique qui symbolisait le site avait été changé car il déplaisait justement au public asiatique et aux asiatiques américains qui le jugeait offensant.

Pearltrees	Les signets sociaux deviennent cartographiques	pearltrees.com
Pinboard	Plateforme à l'aspect épuré et très simple.	pinboard.in
Reddit	Plateforme de classement de ressources par système de popularité.	reddit.com
Windows Live Favorites	Système lié au logiciel de messagerie de Microsoft qui, désormais, est aussi un réseau social.	
Xmarks	Synchronise les différents signets et onglets sur différents navigateurs (Safari, Firefox et Chrome)	xmarks.com

Outre le fait de pouvoir accéder à ses signets de n'importe où, l'intérêt des signets sociaux réside dans son caractère collectif. Il est possible d'identifier des « folksonomistes » que l'usager perçoit comme référence, ce qui permet facilement ainsi de réaliser de la veille collaborative. Ce fut une des fonctionnalités les plus puissantes du pionnier Delicious qui offrit le premier la possibilité de se créer un réseau de membres dont on pouvait surveiller les derniers signets tagués. Ce système de suivi des ressources d'autres usagers permet parfois d'obtenir de l'information plus rapidement que ne l'aurait permis le moteur de recherche. En ce sens, les folskonomies s'inscrivent dans une perspective de personnalisation de l'information en liaison avec les « agrégateurs » de flux RSS.

Il est ainsi possible de créer des flux RSS à partir de tags sélectionnés, mais aussi à partir des derniers signets d'autres usagers. Ce système apparaît complémentaire et plus efficace que celui des Google Alerts[101] dont le fonctionnement

101. Les Google Alerts permettent d'être prévenu dès qu'une nouvelle ressource est indexée par Google à partir d'une requête ciblée.

demeure tributaire des variations de l'index de Google. Les folksonomies reposent ainsi sur la sérendipité puisque l'usager y trouve parfois au hasard des informations et des sources pertinentes en naviguant de mot-clé en mot-clé, mais aussi d'usagers en usagers. Mais une sérendipité riche ne peut fonctionner qu'avec un volume important de données sans quoi les découvertes risquent d'être faibles. Le choix de l'outil est important pour l'usager qui doit veiller à s'inscrire dans une communauté d'utilisateurs actifs. Plus la solution de signets possède d'usagers, plus vous avez de chances de trouver des personnes pertinentes. C'est d'ailleurs ce qui a constitué longtemps la principale force de Delicious.

Les fonctionnalités avancées des signets sociaux.

Toutefois, une plateforme comme Diigo qui contient moins de membres présente aussi l'intérêt de rassembler plus d'utilisateurs avertis et notamment en ce qui concerne la francophonie et les domaines éducatifs. Les fonctionnalités avancées y sont aussi plus poussées.

Les signets sociaux ont placé le partage comme élément fondamental du dispositif faisant de la participation individuelle un moyen de prendre part à un territoire commun plus vaste. Même s'ils n'ont pas la même cohérence qu'un projet comme Wikipédia, ils s'inscrivent dans une démarche qui est celle du passage de « lieux communs individuels » à des « biens communs informationnels ».

Chapitre 5

Biens communs et nouvelles médiations collectives

Les folksonomies peuvent être associées à des projets d'envergure, permettant le partage de connaissances, de transmissions d'informations et offrant des formes plus poussées d'interactions. Leur force réside dans leur dimension collective et de partage. Elles continueront d'accompagner de futurs projets d'intelligence collective en cohésion avec d'autres fonctionnalités. On a souhaité présenter ici quelques réussites qui peuvent servir d'exemple. Il est possible de les associer étroitement ou indirectement à la constitution d'espaces communs qui facilitent le partage et qui peuvent permettre la création et la diffusion d'éléments collectifs inaliénables ou qui ne peuvent être privatisés : les « biens communs ».

Philippe Aigrain qualifie de « biens communs informationnels », les découvertes, algorithmes et programmes qui sont mis à disposition de tous sur le réseau. « Les biens communs informationnels ne se caractérisent pas uniquement par l'absence de mécanismes de brevets. À vrai dire, le fait d'appliquer les brevets à des informations et à des outils informationnels qui expriment des découvertes concernant le monde physique ou des créations de l'esprit humain manipulables en tant qu'idées était tout simplement impensable pour les acteurs directs de cette première ère. Leurs débats portaient sur l'équilibre à construire entre secret et partage public : quand faut-il diffuser des données, à qui faut-il permettre de les modifier ? Tant qu'ils pourront faire ces choix à l'abri des pressions d'acteurs financiers et juridiques, ils opteront le plus souvent pour le partage et la diffusion rapide, parce que ce choix leur paraît permettre le progrès le plus rapide des connaissances et des outils.[102] »

Cette philosophie est celle d'un partage de la connaissance et du développement d'un maximum de ressources en accès libre. C'est le cas d'éléments de Wikipédia qui sont placés sous des licences Creative Commons et qui offrent de multiples réutilisations. Cette philosophie n'est certes pas majoritaire, mais correspond davantage à l'esprit premier des communautés informatiques et du web. C'est aussi parfois un état d'esprit qu'on retrouve chez des *hackers*[103]. Des collections sont ainsi librement consultables et réutilisables sur Wikimedia Commons. C'est le cas par exemple de la collection de photos de la ville de Brest, intitulée « Tonnerre de Brest ». On trouve nombre d'éléments libres de droits sur cet espace : « Wikimedia Commons est une médiathèque

102. Philippe Aigrain, Cause commune. L'information entre bien commun et propriété, Fayard, 2005.
103. Il faut prendre le nom de hackers dans son acception la plus noble.

multilingue de contenus (images, sons et vidéos) à vocation pédagogique, relevant du domaine public ou publiés sous licence libre. Commons sert de dépôt commun pour les différents projets Wikimedia, mais il n'est pas nécessaire d'appartenir à l'un de ces projets pour utiliser les médias hébergés ici. Le dépôt est enrichi et maintenu par des volontaires bénévoles.[104] »

Cette logique des biens communs est bien sûr antérieure au web et à l'informatique et son amplitude va bien au-delà. D'ailleurs, le mouvement se constitue politiquement depuis quelques années avec des rassemblements internationaux notamment. Récemment, un manifeste[105] appelle à une nouvelle politique pour faire face à la privatisation rampante des sphères de connaissances et de transmission de l'information ainsi que des éléments vitaux pour l'humanité.

Un réseau français se met également en place et définit justement ce que sont les biens communs : « Par biens communs, nous entendons plusieurs choses : il s'agit d'abord de ressources que nous voulons partager et promouvoir, que celles-ci soient naturelles – une forêt, une rivière, la biosphère –, matérielles – une machine-outil, une imprimante – ou immatérielles – une connaissance, un logiciel, l'ADN d'une plante ou d'un animal. Il s'agit aussi des formes de gouvernance associées à ces ressources, qui vont permettre leur partage, le cas échéant leur circulation, leur valorisation sans destruction, leur protection contre ceux qui pourraient atteindre à leur intégrité. Les biens communs sont donc à la fois une approche alternative de la gestion de biens et de services, qui bouscule le modèle économique dominant basé

104. *Cf.* la page de présentation « Bienvenue sur Wikimedia Commons », disponible sur : commons.wikimedia.org.

105. *Cf.* « Manifeste pour la récupération des biens communs », disponible sur : bienscommuns.org. Voir aussi le projet de SavoirsCom1, disponible sur : www.savoirscom1.info.

sur la propriété, et un imaginaire politique renouvelé.[106] » Le mouvement cite quelques éléments emblématiques qui permettent la constitution de ces espaces communs : « L'essor et le succès de contenus collaboratifs librement réutilisables tels Wikipédia, les cartes ouvertes et contributives d'Open Street Map, les cours de mathématiques du réseau Sesamath ou les musiques en Creative Commons rendent crédible et popularisent ce mouvement des contenus numériques mis en biens communs. »

Les projets que je vais présenter ci-après ne font pas tous partie officiellement des biens communs, mais ils participent à de nouveaux modes de transmission, de partage et d'apprentissage qui méritent qu'on s'y attarde.

1- Flickr et le projet The Commons

Impossible par conséquent de ne pas aborder une star des folksonomies : Flickr. Start-up pionnière du web avec une utilisation intéressante des tags, elle est aussi une plateforme qui permet à de nombreux projets de s'épanouir en touchant un public plus large. En effet, Flickr est utilisé par de nombreuses institutions et associations pour valoriser leurs fonds photographiques (Flickr Commons).

Flickr permet de stocker, partager et de taguer des photos. L'usager qui dépose une photo sur le service a le choix d'autoriser ou non les autres usagers à taguer la photo. Le maximum autorisé est de 75 tags par photos. Flickr est une aventure assez étonnante qui a connu plusieurs évolutions et dont la pérennité n'est jamais totalement garantie, comme le montre sa courte histoire jusqu'à présent.

106. « Appel pour la constitution d'un réseau francophone autour des Biens Communs », Vecam.org.

Chronologie de Flickr

- **2002 :** La société canadienne Ludicorp développe Flickr
- **2004 :** En février, il apparaît sous la forme d'un ensemble d'outils prévus pour un jeu informatique multiutilisateur sur internet : Game Neverending. Le jeu est abandonné, le projet Flickr se poursuit. Les premières versions de Flickr étaient basées sur une *chat room* pour le partage des photos ; puis une évolution au niveau du téléchargement et du partage des photos.
- **2005 :** Rachat de Ludicorp par Yahoo! en mars. Transfert vers des serveurs américains et passage sous législation américaine.
- **2007 :** Sept langues supplémentaires : le chinois, le coréen, l'allemand, l'espagnol, l'italien, le français et le portugais ; plus de 2 milliards de photos en novembre 2007.
- **2008 :** - Janvier : Lancement du projet Flickr Commons ;
- Avril : Les vidéos d'une durée maximale de 90 secondes sont acceptées.
- **2011 :** - Juin : 51 millions d'utilisateurs enregistrés et 80 millions de visiteurs quotidiens ;
- Août : plus de 6 milliards de photos.

Le projet Flickr Commons est lancé en janvier 2008, afin de permettre aux institutions type bibliothèques ou musées de profiter de la forte communauté d'usagers de Flickr pour valoriser leurs fonds. L'objectif consiste également en une amélioration de l'indexation et de la description des documents en ajoutant des tags et notamment des commentaires pertinents. Les participants sont majoritairement anglo-saxons et américains. Les participants français se font rares à l'exception de la bibliothèque de Toulouse qui a rejoint le mouvement en 2008. Plusieurs barrières notamment mentales ont empêché un déploiement d'ampleur en France, comme la crainte d'une dépossession des fonds et surtout la peur de ne plus pouvoir exploiter ces fonds commercialement. Cette inertie démontre aussi l'incompétence de certains dirigeants de grandes institutions françaises voire leur frilosité pour mettre en place des expériences innovantes pourtant génératrices de contenus de qualité et qui permettent une nouvelle médiation plus enrichissante.

- Photos Normandie

Le projet français le plus connu du programme Flickr Commons est porté par une association : le projet Photos Normandie. Photos Normandie est un projet collaboratif portant sur 3 044 photos historiques de la Bataille de Normandie. Il a pour but d'améliorer leurs légendes en utilisant les possibilités de la plateforme Flickr[107]. Ce projet se situe dans les trois dimensions des folksonomies (indexation, annotation, dimension mnémotechnique). Les usagers contribuent au projet font à la fois une œuvre d'indexation à des fins collaboratives, en taguant parfois, et surtout en annotant de façon souvent pertinente et éclairante ces photos d'archives. La dimension mnémotechnique est ici encore plus évidente, car il s'agit de réaliser un travail de mémoire. Le projet peut être assimilé à une forme de « lieu de mémoire ».

Patrick Peccatte, l'un des instigateurs, définit le projet « comme une forme de crowdsourcing, c'est-à-dire une activité sur le web où les contenus sont générés par les utilisateurs. Il est qualifié parfois d'indexation sociale, d'indexation collaborative, d'indexation contributive, etc. La terminologie est assez fluctuante et n'a pas vraiment d'importance. Photos Normandie en tout cas ne correspond pas à une folksonomie caractéristique du web social. Les tags y sont très peu utilisés. Les légendes sont souvent assez longues et soi-

107. « Les photos sont proposées en libre téléchargement sur le site Archives Normandie 1939-1945 mis en place en 2004 par le Conseil régional de Basse-Normandie à l'occasion de la commémoration du soixantième anniversaire de la libération de la région. Les photos proviennent des Archives Nationales des États-Unis (NARA) et du Canada. », Patrick Peccatte, le27 janvier 2012, Culturevisuelle.org. Le projet est consultable sur : flickr.com/people/photosnormandie.

gneusement rédigées. Photos Normandie correspond en fait à une démarche documentaire et rédactionnelle, à un travail collectif avec un objectif de production. C'est une entreprise qui vise à traiter à nouveau une collection de documents en utilisant les fonctionnalités sociales d'une plateforme de partage. »

Photos Normandie constitue un summum d'interactions sociales de qualité. L'exemple mériterait d'être développé davantage dans d'autres structures notamment institutionnelles. Il s'agit de valoriser un fonds et de permettre son appropriation par un public amateur qui va contribuer à conférer davantage de valeur aux contenus mis à disposition. Des photos mal légendées, mal situées ou mettant en scène des personnes non reconnues ont pu être identifiées. C'est un donc un travail éminemment historique et archivistique qui est réalisé.

Le succès des projets The Commons de Flickr démontre l'intérêt et les potentialités offertes par un espace commun de savoirs, de véritables biens communs que l'on peut partager aisément. C'est aussi un élément clef d'une réussite du web 2.0 qui montre des potentialités qui ne soient pas uniquement commerciales, mais au contraire créatrices de valeurs culturelles, historiques et sociales. Si Librarything pouvait constituer le modèle de la bibliothèque 2.0, Flickr, et son projet The Commons, préfigure davantage celui du musée 2.0 et notamment la possibilité de créer des expositions en ligne et virtuelles.

Le musée d'arts de Philadelphie[108] a parfaitement mis en œuvre cette philosophie en offrant aux usagers la possibilité de se constituer leur « propre musée » en taguant et

108. Philadelphia Museum, disponible sur : philamuseum.org.

en organisant les photos des œuvres qu'ils préfèrent. Il est alors possible de parcourir le musée via les tags, ce qui signifie que les usagers ont pu redéfinir une nouvelle catégorisation des collections et offrir ainsi de nouveaux parcours. Les tags s'avèrent même un moyen de découverte plus aisé et convivial que les autres méthodes de recherche (notamment le moteur dédié qui permet une recherche avancée), en offrant des pistes de parcours à partir des tags. Il faut préciser que les tags permettent bien souvent une indexation plus fine du contenu de l'œuvre, ce qui n'est pas négligeable. En effet, un usager peut ainsi retrouver des œuvres qui comportent des « arbres » de façon plus exhaustive qu'il n'aurait pu le faire avec le moteur de recherche de la base de données.

D'autres systèmes voient le jour pour mieux gérer les expositions virtuelles et les collections de photos. On peut par exemple citer le logiciel libre Omeka, basé sur Wordpress, et qui permet de gérer des collections de documents notamment photographiques, mais pas exclusivement. Omeka s'avère à la fois simple en installation et suffisamment puissant pour valoriser et animer des collections numériques ou numérisées. Il permet facilement de gérer des tags et des métadonnées Dublin Core.

- Ravelry, un réseau social porteur de nouveaux modèles

D'autres espaces communs sont à construire et dans des domaines très variés. Prenons l'exemple des utilisateurs de loisirs créatifs, ils ont des besoins spécifiques qui méritent des sites et des plateformes dédiés. L'une des plus connues est le réseau social Ravelry. Fondé en 2007, par Casey et Jessica Forbes, le réseau social est consacré au tricot et au crochet. En juillet 2012, le réseau revendique plus de 2 millions de membres. Les usagers peuvent se construire un profil riche qui permet de gérer sa propre bibliothèque de patrons ou d'ouvrages (en récupérant les données depuis Librarything). Les usagers échangent ainsi conseils, patrons, modèles, gèrent leurs besoins informationnels et leurs projets, et peuvent même vendre des patrons de modèles. Les possibilités sont étendues et font de Ravelry un des réseaux sociaux les plus performants en matière d'échange, de partage et d'autoformation[109]. Les folksonomies se mêlent ici à d'autres fonctionnalités nombreuses. L'occasion de rappeler qu'il n'est pas opportun d'isoler les fonctionnalités folksonomiques des autres aspects, notamment en se cantonnant aux problématiques d'indexation. Sur Ravelry, les tags sont parfois également appelés « *attributes* », ce qui peut ajouter une certaine confusion. Les tags sont apposés par les créateurs sur les projets réalisés, les patrons et les modèles disponibles, mais aussi par les usagers, qui ajoutent tel ou tel patron dans leur propre espace. Les tags participent manifestement d'une « mémoire de travail » au même titre que la gestion des projets qui indiquent souvent la période de la réalisation, le type de matériel utilisé (la laine, par exemple).

Il convient de rappeler l'importance mnémotechnique des dispositifs qui utilisent des folksonomies. Dans le cas des usagers de Ravelry, le fait de pouvoir décrire un projet, ses étapes, les méthodes et les moyens employés en usant de tags permet de réaliser une démonstration de l'action réalisée. L'objectif est aussi de s'inscrire dans une démarche à long terme qui permet de revenir sur des actions passées, soit pour se les remémorer, soit pour pouvoir reprendre un cheminement, c'est-à-dire une méthode.

---

109. Sur ces aspects, voir mon article au sujet des loisirs créatifs : Olivier Le Deuff, « Réseaux de loisirs créatifs et nouveaux mode d'apprentissage», *Distances et savoirs*, vol. 8, n° 4, 2010, p. 601-621.

Étymologiquement, la méthode renvoie au chemin à suivre, si bien que les dispositifs mnémotechniques permis par Ravelry sont des outils de travail à la fois personnels et collectifs, dans la mesure où ils sont partagés et peuvent servir à d'autres, qui voudraient reprendre ce cheminement. Bien qu'il soit consacré initialement à des logiques qu'on placerait dans la sphère des loisirs, Ravelry s'inscrit dans une démarche de travail. Il s'agit plus d'un travail sur soi qu'une visée commerciale. L'objectif est d'amélioration de ses compétences à travers des réalisations : c'est un accomplissement. Cette réalisation de soi passe par des stratégies informationnelles, organisationnelles et documentaires.

Une bonne partie des échanges se déroulent autour de l'échange de documents. Sur Flickr, l'unité de base est la photo, sur Librarything, c'est le livre[110], et sur Ravelry, c'est le patron. Tous les échanges et toute la richesse se situent donc dans la capacité à créer de la valeur ajoutée dans l'utilisation de cette unité de base.

Ces projets mettant en scène les folksonomies s'inscrivent dans une « redocumentarisation »[111] qui voit l'usager conférer un sens au document, à partir de l'usage qu'il souhaite en faire. Que signifie donc cette redocumentarisation ? Elle est la conséquence de la souplesse du numérique qui permet de « documentariser à nouveau un document ou une collection en permettant à un bénéficiaire de réarticuler les contenus sémiotiques selon son interprétation et ses usages »[112]. La redocumentarisation consiste à retraiter un document ou un ensemble de documents numérisés de façon à les enrichir de métadonnées nouvelles et à réarranger et relier leurs contenus.

110. Dans son acception la plus large, en prenant en compte également les livres numériques.
111. Roger. T. Pédauque, *La redocumentarisation du monde*, Cépaduès-Editions, 2007.
112. Définition proposée par Manuel Zacklad.

La redocumentarisation[113] entraîne des mutations qui permettent d'envisager aussi bien une nouvelle souplesse documentaire que des manipulations à des fins personnelles ou pour des tiers peu scrupuleux. Dans le cas des commons de Flickr ou du projet Photos Normandie, on peut effectivement parler d'« entreprise collective et collaborative de redocumentarisation »[114]. Cette réappropriation du document aussi bien à l'échelon individuel que collectif marque une étape importante dans la diffusion d'une culture documentaire, partie intégrante d'une culture informationnelle et numérique. Mais c'est aussi l'expression d'une culture technique[115] au sens de Gilbert Simondon, qui dépasse un usage simpliste ou mimétique pour aller vers une démarche d'innovation et d'invention. Une caractéristique d'ailleurs de Ravelry qui incite à faire et à refaire, mais aussi à inventer.

2- Une nouvelle façon de rechercher l'information

La recherche via les folksonomies permet l'émergence de nouveaux médiateurs ainsi que le développement d'une recherche « sociale » qui prend appui sur la richesse d'un réseau d'usagers. Pour beaucoup d'individus, la recherche d'information est devenue synonyme de moteur de recherche voire de « googlisation ». Les folksonomies diffèrent de la traditionnelle médiation des moteurs sans pour autant négliger la possibilité de faire des recherches via un moteur dédié

113. *Cf.* également l'article « Redocumentarisation » sur Wikipédia.
114. Patrick Peccatte, « Une entreprise collective de redocumentarisation », *Documentaliste-Sciences de l'information*, mars 2009.
115. Sur ces aspects, voir le chapitre 5 de mon ouvrage précédent *La formation aux cultures numériques*, *op. cit.*

à l'intérieur des plateformes. En effet, la démarche « folksonomique » se distingue de la simple requête et suppose d'autres habiletés. Il s'agit d'une construction sur le long terme, bien différente de la logique du bouton poussoir qui correspond parfois à une forme d'impulsion de l'esprit, à laquelle le moteur de recherche répond inexorablement.

- Une alternative aux moteurs de recherche sur le web ?

Les folksonomies n'en sont pas au stade de prétendre proposer une alternative équivalente aux moteurs de recherche type Google. Trouver de l'information plus intéressante, voire plus pertinente, s'avère néanmoins possible avec les folksonomies. Leurs principaux atouts résident dans la médiation humaine[116]. Il est fréquent d'accéder à de l'information que le moteur de recherche ne nous aurait pas proposée parmi ses premiers résultats ou qu'il n'aurait pas indexée. Deux principaux aspects sont à distinguer dans les démarches d'accès à l'information : le premier est lié à la sérendipité, le second concerne la veille.

Faut-il pour autant voir dans ces systèmes un concurrent potentiel des moteurs ? S'il s'agit de songer à des démarches d'immédiateté, la réponse est bien évidemment négative. Il faut les considérer comme des alternatives au sens de cheminements de recherche différents qui nécessitent une construction. Les signets sociaux font ainsi partie intégrante de la gestion personnalisée de son environnement personnel de travail et de connaissances.

Diigo par exemple peut être aisément utilisé en tant que moteur de recherche restreint aux ressources signalées par les membres de la plateforme. Il peut s'intégrer facilement à la

---

116. Jean Paul Metzger (dir.), *Médiation et représentation des savoirs*, L'harmattan, 2004.

barre de recherche de Firefox, qui permet de choisir entre divers moteurs de recherche. Il peut s'associer à une recherche Google, par exemple. Le plug-in Searchall permet, pour chaque recherche effectuée sur Google, que la même requête soit également effectuée sur Diigo, ce qui permet un gain de temps précieux.

L'intégration de Diigo dans Google.

Il suffit de cliquer sur le lien qui signale si des ressources déjà présentes dans Diigo peuvent correspondre à la requête. Si aucun document intéressant n'apparaît dans sa propre bibliothèque de signets, alors on peut se référer à la bibliothèque de la communauté en cliquant sur l'onglet « Community Library ». Diigo affiche alors les résultats selon un classement par popularité des liens les plus souvent tagués. La recherche communautaire permet de compenser les éventuels manques. Ensuite, il est possible de poursuivre la recherche en cliquant sur les tags associés aux ressources. Cela offre un moyen d'élargir les recherches sur des domaines connexes qui avaient été négligés ou omis.

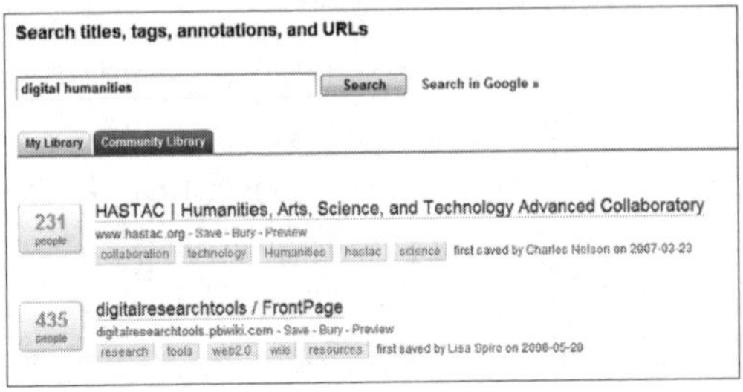

La recherche communautaire sur Diigo.

On peut également cliquer sur un des liens signalés pour rentrer dans une dimension d'indexation et d'annotation collective. Il devient alors facile de consulter les tags utilisés par les autres membres et les notes qu'ils ont laissées. Les rebonds sur d'autres tags ou sur d'autres profils d'usagers permettent de poursuivre la recherche et de faire des découvertes par sérendipité.

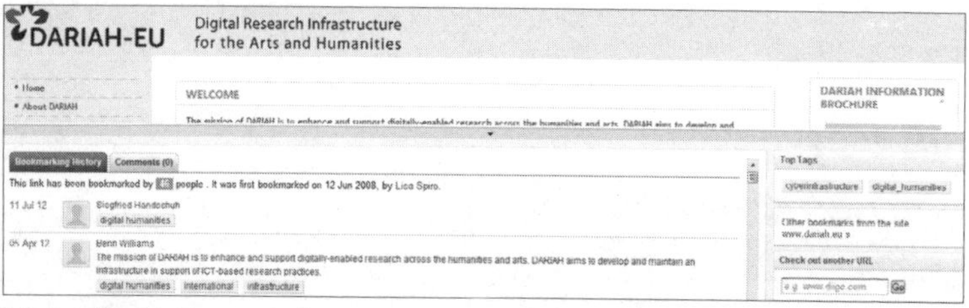

La visualisation des annotations et tags sur un site avec Diigo.

Sur les signets sociaux, notamment sur Diigo, on procède par bonds et rebonds, lors de la recherche d'information. On est plus proche de la philosophie de l'hypertexte et de la manière dont fonctionne le cerveau. De plus, la recherche d'informations s'appuie sur un travail de collecte et de sélection. Les sentiers qui bifurquent sont parfois un meilleur accès que le chemin direct de l'interface du moteur. Malheureusement, les jeunes générations ont très peu recours aux technologies dites web 2.0, comme les flux RSS ou les tags, privilégiant davantage la communication par messagerie instantanée.

Pourtant ce type de démarche permettrait de constituer un moyen de sortir de la traditionnelle requête sur le moteur. Cela nécessite une formation dédiée et l'intégration de ces pratiques dans le quotidien. Reste à savoir quels types d'informations les collégiens, lycéens et étudiants voudront se partager. Pour l'instant, les espaces de vidéos en ligne sont le plus prisés par les jeunes générations plutôt que le partage de favoris. On peut y voir la prédominance du côté ludique et phatique d'internet au détriment de son côté « recherche d'informations ».

3- Vers un modèle collaboratif ?

Les moteurs de recherche manquent souvent de pertinence par rapport aux besoins des usagers. Même si leurs algorithmes évoluent et que des fonctionnalités sémantiques viennent ajouter un peu de cohérence, le système s'appuie sur un tri effectué par un robot. Les folksonomies reposent davantage sur une médiation humaine. Les expressions « indexation sociale » et « indexation collaborative libre », parfois employées pour qualifier les folksonomies, montrent que c'est le caractère social et collaboratif qui paraît le plus intéressant et pas uniquement le côté indexation.

La démarche de recherche diffère donc de la requête via les moteurs, car elle suppose une construction, voire un investissement régulier dans les choix de tags. Il s'agit aussi pour l'usager d'une meilleure prise en compte de son besoin d'information. Les groupes thématiques impliquent une plus grande démarche collaborative et une indexation moins personnelle avec notamment la possibilité d'envisager des règles communes en matière d'indexation ou des types de ressources à recenser. On constate aussi dans la participation à des groupes thématiques de veille une volonté de mettre ses découvertes à disposition des autres. La logique de filtre est également différente puisqu'une requête sur Diigo ramènera des résultats déjà filtrés par l'entremise des usagers. Curieusement, cette logique de filtrage n'intéresse guère les grands leaders des moteurs de recherche qui finissent même par se détacher de plus en plus des annuaires[117]. Yahoo! n'a jamais pensé intégrer les résultats de Delicious. Google avait lancé un outil concurrent en novembre 2005, Google Base, qui devait servir d'appui au moteur de recherche en offrant aux usagers la possibilité de décrire des ressources web et de les classer. Ce fut un des premiers échecs de Google et cette logique de se servir du travail des usagers semble écartée pour d'autres logiques plus affinitaires.

Les folksonomies présentent un caractère lié à l'annotation qui se développe fortement. Diigo permet également de mieux s'emparer et de s'approprier la ressource en pouvant la surligner, ajouter des petites notes placées à l'endroit choisi sur la page. Il reproduit des pratiques issues du livre, et démontre que les signets sociaux permettent le travail d'études. La dimension d'annotation prend toutefois une autre forme avec le numérique puisque l'annotation se situe dans une dimension collaborative. La consultation des éléments placés par d'autres membres du réseau sur des pages visitées devient plus aisée. Ces possibilités d'annotation partagée renvoient aux pratiques de lecture sur livre papier, lorsque l'on découvre dans la marge des notes manuscrites laissées par d'autres lecteurs. Ces notes parfois captivantes, parfois intrusives, sont de nouvelles pistes de lecture pour un « écrit-lecteur » en quête de nouvelles découvertes.

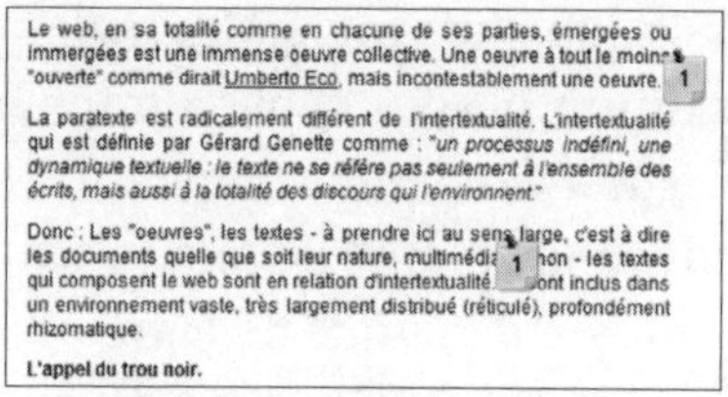
Le web, en sa totalité comme en chacune de ses parties, émergées ou immergées est une immense oeuvre collective. Une oeuvre à tout le moins "ouverte" comme dirait Umberto Eco, mais incontestablement une oeuvre.

La paratexte est radicalement différent de l'intertextualité. L'intertextualité qui est définie par Gérard Genette comme : *"un processus indéfini, une dynamique textuelle : le texte ne se réfère pas seulement à l'ensemble des écrits, mais aussi à la totalité des discours qui l'environnent."*

Donc : Les "oeuvres", les textes - à prendre ici au sens large, c'est à dire les documents quelle que soit leur nature, multimédia ou non - les textes qui composent le web sont en relation d'intertextualité. Ils sont inclus dans un environnement vaste, très largement distribué (réticulé), profondément rhizomatique.

L'appel du trou noir.

Un exemple de post-its (Sticky Notes) sur Diigo dans un billet de blog d'affordance.[118]

117. Google utilise de moins en moins les résultats de Dmoz.org, l'annuaire le plus performant encore existant mais dont l'avenir est très incertain.

118. Il suffit de cliquer sur le *post-it* pour que la note s'ouvre. Il est possible d'interagir à nouveau sur la note. Cette dernière peut être privée ou collective, ce qui ouvre le champ d'une discussion au sein de la page. A l'instar du défunt *Google sidewiki*, il est donc possible de commenter n'importe quel document même s'il n'existe pas de commentaires ouverts par l'auteur initialement.

La ressource web devient pleinement un milieu informationnel et communicationnel et un moyen d'accéder à diverses connaissances. Les médiations qui s'y produisent sont certes nouvelles, mais elles ne constituent pas totalement une désintermédiarisation.

4- Désintermédiarisation et réintermédiarisation

Les folksonomies s'inscrivent a priori dans un processus de « désintermédiarisation »[119] dans le sens où la recherche d'information et son organisation se trouvent personnalisées et passent outre la médiation traditionnelle. Cette dernière étant notamment constituée par les intermédiaires professionnels comme les bibliothécaires et documentalistes et leurs processus de classement comme les thésaurus ou bien encore les classifications. Les plateformes de signets sociaux symbolisent ces nouvelles médiations en permettant à l'usager de construire son environnement informationnel via des relations de partage et de confiance librement choisies et réfléchies. Ils constituent donc des systèmes d'organisation des connaissances. La connaissance pouvant être comprise ici dans son acception la plus large, notamment en désignant à la fois les ressources décrites et annotées ainsi que les usagers avec lesquels une mise en relation a été effectuée.

L'usager accède ainsi plus aisément et plus rapidement au document. Mais le gain de temps supposé n'en est pas nécessairement un. La question de l'évaluation de l'information[120]

119. Roger. T. Pedauque, « Document et modernités », 2006, disponible sur : rtp-doc.enssib.fr.
120. Alexandre Serres, « Évaluation de l'information sur Internet : Le défi de la formation », *BBF*, 2005, n° 6, p. 38-44.

ainsi que de sa validation se trouve désormais être du ressort de l'usager. De nouveaux intermédiaires émergent, tantôt relais d'informations, tantôt producteurs. L'intermédiaire, notamment humain, n'est pas une autorité traditionnelle : il ne doit son influence qu'à sa propre personnalité.

Dès lors, l'évaluation ne concerne pas seulement l'information, mais également les passeurs d'information, tant il s'agit autant d'évaluer la ressource que celui qui la recommande. En effet, les signets sociaux et les réseaux de microblogging permettent de construire une stratégie de veille basée sur l'identification de membres taguant régulièrement de ressources pertinentes. Les plateformes comme Diigo ou Twitter mettent donc en avant des usagers en tant que tiers de confiance, c'est-à-dire des usagers qui sont perçus par d'autres comme dignes d'intérêt. La figure du « pasteur » cède sa place à celle du passeur[121] qui repère et signale les ressources qu'il a jugées dignes d'intérêt.

• ***Autorités ou popularités ?***

Ces évolutions statutaires et institutionnelles propres au web touchent fortement la façon dont il faut considérer les usagers. À l'instar des réseaux sociaux et de la blogosphère, ce qui est parfois nommé « tagosphère » n'échappe à des glissements de paradigme présents dans le web 2.0 :

- Passage de l'autorité à la popularité
- Passage de la pertinence à l'Influence

Fréquemment des blogueurs reconnus sont également des folksonomistes actifs. Leurs signets peuvent être suivis par beaucoup d'usagers. L'expression « *Your fans* » employée par Delicious à ses débuts, qui caractérise les personnes qui

121. De Rosnay, J., Revelli, C., *La révolte du pronétariat*, Fayard, 2006.

suivent les signets d'un usager, présentait un côté « société du spectacle ». Désormais, l'expression a été supprimée par celle plus courante de followers, mais le changement de version de Delicious a causé la perte totale des relations qui avaient été établies. Une raison supplémentaire pour aller utiliser un autre service. Il reste que le nombre de followers peut parfois constituer un indicateur intéressant, même si une forte popularité n'est pas nécessairement synonyme de qualité des sélections voire de pertinence répondant aux besoins de tout un chacun. Il convient aussi de se méfier d'une volonté de privilégier l'influence, d'autant que blogueurs, « réseauteurs » et folksonomistes ne sont pas tous des « gentlemen »[122].

Ce succès des mécanismes de popularité et d'influence et les tentatives pour les mesurer (notamment avec l'indice donné par Klout (klout.com)[123] doit inciter les chercheurs à s'emparer de la question d'autant que des sites spécialisés permettent l'usage des folksonomies dans le domaine scientifique. Connotea (connotea.org) lancé par la revue *Nature* permet le partage de signets concernant des articles scientifiques. Dans le même genre, mais avec d'autres spécificités comme notamment la possibilité d'ajouter des ouvrages, il existe Citeulike (citeulike.org) qui a d'ailleurs développé une ontologie pour décrire plus finement les relations entre articles ; une piste très intéressante à l'avenir pour mieux mesurer les effets des citations de manière pas seulement quantitative. Il convient aussi de considérer que les articles les plus tagués sont également les plus faciles d'accès, ce qui constitue un plaidoyer pour les articles en accès libre ou

122. Brian Kelly, « Folksonomies, the sceptics views », disponible sur : www.ukoln.ac.uk.
123. Klout se propose de mesurer l'influence d'un individu en examinant ses interactions sur les réseaux sociaux, type Facebook ou Twitter.

en archives ouvertes. Les territoires des nouvelles métries scientifiques n'ont pas fini d'évoluer dans les années qui viennent. Il faut rappeler aussi que Zotero (zotero.org), le système libre de gestions de références bibliographiques, qui fut originellement conçu comme un plug-in pour Zotero et qui désormais possède aussi une version autonome, permet de taguer. La version française de Zotero emploie le terme de marqueur plutôt que celui de tag. Il est vrai que certains marqueurs sont récupérés automatiquement dans les métadonnées, notamment pour les plateformes compatibles. Zotero requiert donc des pratiques avancées qui rejoignent souvent celles des signets sociaux.

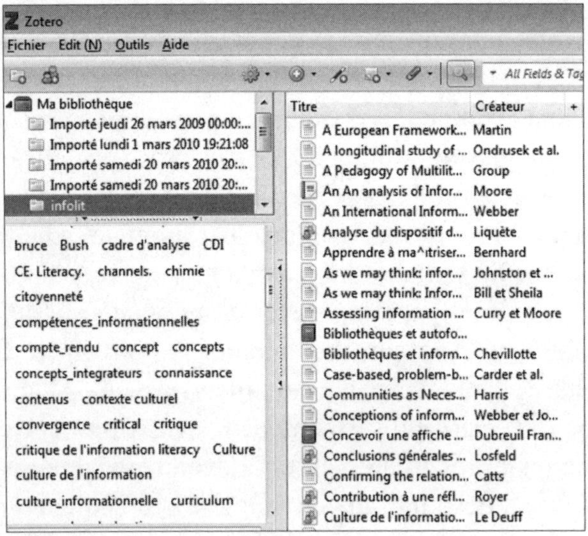

Les tags sur Zotero.

• ***Des utilisateurs avancés***

Les plateformes les plus sophistiquées s'appuient sur des usagers avertis et exigeants qui présentent des besoins précis et qui cherchent de plus en plus à faire interagir plusieurs outils entre eux. La stratégie n'est donc pas celle de la ligne directe, mais plutôt celle des sentiers qui bifurquent. Pearltrees illustre parfaitement cette logique avec son affichage sous forme d'arborescences de perles.

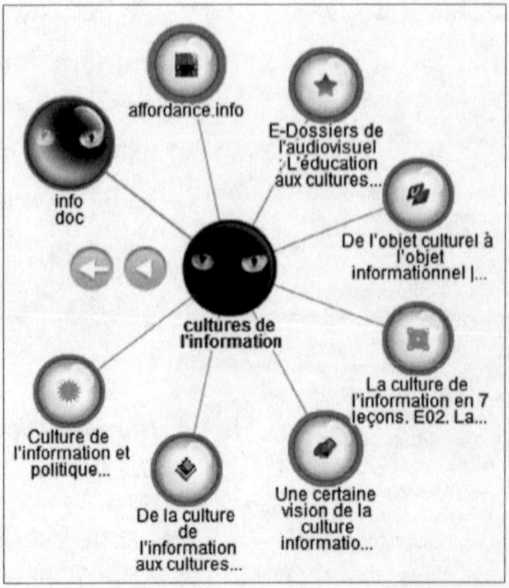

Une « pearltree » au sujet des « cultures de l'information ».
Pearltree réalisée par l'utilisateur Milo76. www.pearltrees.com.

Forcément au sein de ses divers parcours et sentiers, il faut des usagers clairement initiés pour s'en sortir et en tirer la quintessence. Il est coutumier de dire que ce n'est pas le but le plus important, mais bien le cheminement. C'est sans doute ce qui distingue l'initié de l'amateur.

Dans une étude sur Ma.gnolia[124], j'avais déjà mis en avant cette logique d'initiés au sens d'insiders, c'est-à-dire d'individus introduits dans le milieu de l'Internet. Plusieurs membres actifs étaient connus notamment dans le milieu des nouvelles technologies. Les principaux tags employés confortaient cette impression. Sur Diigo, la même impression se confirme à l'affichage des ressources qui sont « hot »[125]. Une très nette domination des ressources ayant un lien avec l'éducation se dégage. Il est vrai que Diigo a volontairement visé

124. Olivier Le Deuff. « Folksonomies et communautés de partage de signets. Vers de nouvelles stratégies de recherche d'informations », Actes du colloque H2ptm0, les 29, 30 et 31 octobre 2007, Hammamet, Tunisie. Disponible sur : archivesic.ccsd.cnrs.fr.

125. Disponible sur : www.diigo.com/buzz/hot.

des usages enseignants en proposant notamment des offres éducatives dédiées. Les « hot tags » démontrent des usages où les aspects loisirs et phatiques ne sont pas dominants.

advertising, ajax, article, **articles**, audio, **blog**, blogging, books, calendar, collaboration, community, computer, css, culture, data, database, development, directory, download, education, entertainment, finance, firefox, firefox and mozilla links, flash, flickr, forum, freeware, google, graphics, guide, hardware, health, hosting, howto, html, humor, ideas, ipod, java, javascript, kids, learning, library, linux, mac, magazine, management, maps, math, media, microsoft, mobile, mp3, network, networking, **news**, opensource, pdf, photography, photos, photoshop, php, podcast, politics, productivity, programming, reading, reference, research, resources, review, rss, search, security, seo, service, services, shopping, software, sports, statistics, storage, tech, **technology**, templates, tool, tutorial, tutorials, tv, web, web2.0, webdesign, website, wiki, windows, wordpress, writing, yahoo, youtube

Les « hot tags » de Diigo.

• *Une redocumentarisation diverse et un hypertexte enrichi*

L'initié est celui qui dispose de stratégies et d'habiletés plus poussées de manière à faire circuler l'information traitée. Sans pour autant tomber dans l'analogie facile qui consiste à considérer que l'information devient une matière première qu'il faut faire fructifier, c'est bien le travail réalisé sur les ressources qui permet de produire et d'assurer une réelle circulation. La première leçon est donc celle de l'association d'outils. Le fantasme de l'outil unique est extrêmement dangereux puisqu'il induit des logiques concentrationnaires et des risques de contrôle. L'idéal pour l'usager est de paramétrer au mieux un outil de circulation de l'information entre applications comme IFTTT (ifttt.com). Ce dernier permet de réaliser des programmations aisées entre applications pour envoyer automatiquement par exemple ces signets Diigo sur Evernote ou bien transformer en signets tous les liens que l'usager aura signalés sur Twitter[126].

126. Récemment, Twitter a bloqué ses possibilités.

La redocumentarisation devient donc un processus assumé et réfléchi (voir schéma ci-dessous). Le premier élément facile à mettre en place est celui qui consiste à faire du tracking de tags, c'est-à-dire de la surveillance d'un mot-clé particulier. Il suffit de récupérer le flux RSS associé au tag pour l'intégrer à un agrégateur de flux. De cette façon, il est possible de bénéficier des découvertes faites par d'autres. Il demeure toutefois l'inconvénient que les ressources nouvellement taguées soient en fait déjà connues.

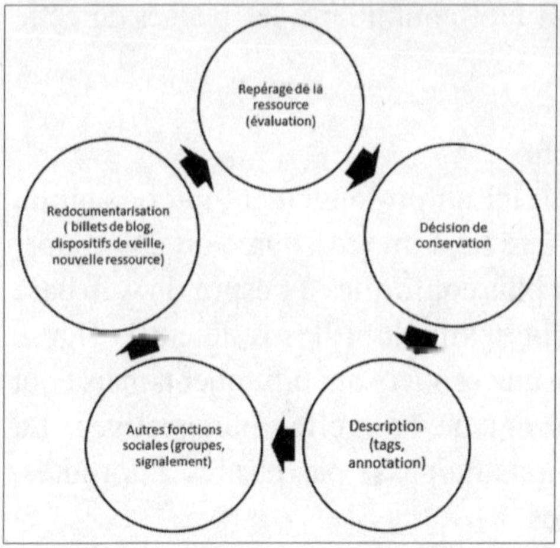

Le cycle des signets sociaux.

Diigo offre beaucoup de possibilités de redocumentarisation. Ces utilisateurs ont d'ailleurs intégré ces potentialités, ce qui est confirmé par l'enquête réalisée par nos soins auprès d'utilisateurs de la plateforme en 2010. Plus des deux tiers des personnes interrogées déclaraient effectivement réutiliser ses signets.

Parmi ces réutilisations, celles de la diffusion automatisée ou retravaillée sur un blog arrive en première position. Diverses possibilités sont offertes, mais ce qui ressort nettement, c'est le couplage avec au moins un autre outil pour réaliser une rediffusion au minimum sur les réseaux sociaux voire pour une transformation sous des formats type newsletters.

La circulation de l'information peut dès lors s'opérer. Mais il est clair que ce cycle nécessite plusieurs maitrises autant stratégiques qu'informationnelles et informatiques. On est clairement dans une architecture de l'information. Il ne faut pas oublier que c'est au sein de cette « discipline » et profession que les folksonomies se sont développées et ont été popularisées. Il faut continuer à les penser de cette façon.

- Un hypertexte enrichi

L'hypertexte connaît ici un prolongement intéressant du fait que l'usager peut être lié à une ressource ou un groupe. Les folksonomies sont plus conformes à l'esprit du web basé sur une navigation hypertextuelle. Elles reflètent la figure du labyrinthe, ce jardin aux sentiers qui bifurquent, mais dont les recoins nous ouvrent de nouvelles perspectives. La recherche d'informations ne passe pas par les autoroutes, mais par les labyrinthes.

Même si les chemins sont parfois parsemés d'embûches et semblent constituer de mauvaises directions, les folksonomies sont plus fidèles au cheminement hypertextuel. Elles sont davantage attachées à la navigation qu'à la recherche d'information telle qu'elle se pratique dans les bases de données et les moteurs de recherche. Cependant, elles nécessitent un apprentissage pour exploiter toutes ces possibilités d'actions et de transformations des documents et des ressources repérées ainsi que pour créer de nouveaux documents et transmettre des savoirs.

Le processus n'est donc pas linéaire, tant la redocumentarisation introduit les folksonomies dans un cycle informationnel plus complexe, qui va bien au-delà de l'indexation documentaire traditionnelle.

Chapitre 6

Du tag au *like*

Les boutons de type « *like* » marquent un changement important dans l'écosystème du web, avec l'affaissement de la dimension de l'indexation des folksonomies au profit d'une impulsion. Ce court-circuit limite pour l'internaute l'usage du raisonnement pour catégoriser efficacement et peut provoquer la fin des « milieux associés » comme les signets sociaux et les systèmes de biens communs. Cette transformation profite aux industries qui tirent des bénéfices de cette dégradation. Quelques grands acteurs du web capteraient dès lors un grand nombre de médiations et de recommandations à leur seul profit. Le risque est celui d'une prise de contrôle qui repose sur des stratégies de captation de l'attention, afin d'éviter tout exercice de réflexion et d'évaluation raisonnée des documents et sources d'information.

1- L'impulsion du *like*

Le *like* – et parfois le *retweet* sur Twitter –, correspond souvent une réaction immédiate, voire pulsionnelle. Le commentaire et l'annotation ne sont plus nécessaires, ils peuvent disparaitre au profit d'une logique binaire : « j'aime ou je n'aime pas ». Ce choix renvoie fortement à des jeux de l'enfance. C'est même ce qui désigne étymologiquement le *infans* (non-exprimé). Dès lors, le système place l'usager dans une enfance technologique qui l'empêche de devenir adulte.

Ce court-circuit ouvre aussi la possibilité d'une nouvelle médiamétrie : les *like* permettent de réaliser des profils types selon les classes d'âge, le sexe, la nationalité, etc. La somme des actions individuelles décrit des comportements et des avis collectifs. Nos écritures collectives finissent par ne plus nous appartenir, les synthèses sont produites par les machines.

Le *like* n'appartient pas qu'à Facebook, il prend une diversité de formes. Par exemple, Pinterest offre trois réactions possibles aux usagers à partir d'une photo présente sur la plateforme : le *repin* (la possibilité de reprendre la photo pour la punaiser sur son propre mur), le *like* (signale qu'on aime l'image ce qui lui permet de gagner des points dans les classements de popularité), et la possibilité de commenter l'image, mais ce sont les 2 premières fonctionnalités, impulsives, qui connaissent le plus de succès.

Le *like* est également présent sur Amazon. Cliquer sur le pouce levé permet à Amazon d'emmagasiner des données afin « d'améliorer notre expérience d'achat ». De nouvelles formes de *like* et de *dislike* vont probablement voir le jour.

2- Le *like* de Facebook

Facebook rassemble près d'un milliard d'usagers. Le temps de présence des internautes sur ce réseau social est supérieur à n'importe quel autre site web. Le film *The social network* rappelle que la première version, que met en ligne Zuckerberg en octobre 2003, est une application nommée Facemash où l'on peut voter pour la fille que l'on préfère à partir des trombinoscopes récupérés illégalement sur le site de l'université. Les usagers devaient donc choisir à chaque fois entre deux portraits et désigner celle qu'ils préféraient. La logique pulsionnelle, assez machiste et peu constructive n'a pas disparu puisque certaines applications permettent de faire la même chose à partir des profils Myspace. Plus récemment, l'application Hotstagram (hotstagram.com) permet de faire de même avec les photos d'Instagram.

Le *like* est donc une logique type *facemash* appliquée à grande échelle. Il faut en distinguer deux types :

- Le premier exprime le simple fait d'aimer un statut, un commentaire ou une page d'un groupe de musiques ou d'une grande marque.

- Le second, une extension du premier, permet d'extérioriser le *like* à l'ensemble du web. Il est possible d'ajouter un bouton « like » à n'importe quel blog, de même qu'il est possible d'y intégrer un système de commentaires liés au profil Facebook.

- Je t'aime moi non plus

L'affichage d'un grand nombre de *like* sur son profil participe d'un effet narcissique, sachant que le moindre commentaire peut être « aimé ». Dès lors, les statuts Facebook qui reçoivent beaucoup de *like* témoignent de la popularité de leur auteur. Cependant, le *like* peut vouloir dire tout et son contraire, voire être un principe d'autodérision. Le mimétisme conduit à également apprécier un statut déjà plébiscité par le réseau d'amis.

Les logiques d'impulsion s'accompagnent aussi de stratégies de calcul pour montrer l'intérêt que porte un membre de Facebook à un contact.

- Un marché pour les marques

Coca Cola affiche plus de 45 millions de *like*. Il existe un marché des *like* qui serait évalué à plus d'un milliard de *like* par mois. Pour les marques, l'enjeu est de parvenir à en capter le maximum. Cela devient un élément clé pour certaines sociétés et grandes marques qui cherchent par ce biais à affirmer leur popularité.

Une étude[127] en 2010 montrait que plus d'un tiers des usagers français de Facebook était fans d'au moins une marque ; et 15 % étaient fans de plus de 10 marques. Ce sont souvent les marques de vêtements qui sont les plus prisées. Le fait d'être fan décrit des réalités différentes. Il faut différencier les fans des véritables clients, une césure d'autant plus nette que la marque a un rapport avec le luxe ou un certain niveau social. Par exemple, Ferrari affiche près de 9 millions de fans qui ne sont pas nécessairement des clients, mais davantage ceux qui rêvent de l'être. Cette étude montre que 69 % des fans d'une marque le sont devenus parce qu'un de leur ami l'était. Certains y voient un moyen d'obtenir des offres de réductions par la marque.

Les pages fans des marques permettent d'avoir un grand nombre de statistiques sur les personnes qui se déclarent fans, cela permet de mieux affiner les cibles marketing.

127. Disponible sur facetofacebook.fullsix.com.

3- Google+

- Les cercles sont des tags pour mieux les capter tous (nos amis)

L'objectif de Google et de son Google+ n'est pas de constituer un énième réseau social. Il s'agit d'une stratégie de développement de l'application première : le moteur de recherche, dont le leadership permet à Google de générer 95 % de ses revenus via la publicité. Si bien que chaque nouvelle application doit s'inscrire dans cette orientation de rentabilité.

En quoi Google+ va aider le moteur de recherche ? Google+ va permettre de mieux identifier les auteurs de contenus sur le web et d'associer finement une ressource web à un profil Google+.

- Les cercles et les nouvelles listes d'autorités

Les utilisateurs de Google + classent leurs contacts via des cercles thématiques. Google décline les folksonomies en « cerclonomies ». Le cercle est en fait une forme de tag attribué à un contact.

On retrouve la stratégie du *like* avec le système Google +1 dont l'accumulation permet de produire un indice de popularité sociale qui sera aussi inclus à terme dans l'algorithme du moteur de recherche. Indice qui concernera évidemment la page ou la ressource recommandée, mais aussi par ricochet son créateur. Plus une ressource se verra aimée, plus son créateur gagnera lui aussi en popularité. Si bien que le moteur va de plus en plus produire des résultats avec des références d'auteurs et obliger les webmasters à inscrire dans les métadonnées de leur site la liaison avec leur profil Google+, ce qui pourrait devenir obligatoire pour un bon référencement.

Difficile pour les webmasters d'échapper à l'intérêt d'avoir un profil Google+. Une nouvelle fois, « être ou ne pas être sur Google » devient l'aporie philosophique actuelle. La tendance est donc de taguer de plus en plus les personnes par de nouveaux dispositifs, comme les cercles de Google plutôt que de taguer des liens ou des ressources.

- La mesure de nos compétences ?

Il semble désormais que Google cherche à mieux saisir la question de l'autorité d'une source, tout en conservant ses stratégies de popularité et d'indices de citations basés sur la scientométrie. Un déplacement s'opère : désormais, le Page Rank va concerner de plus en plus les auteurs. Voilà qui va donner de fil à retordre aux référenceurs puisque le référencement risque à terme d'être lié avec la gestion de l'identité numérique.

Google cherche à attribuer à chacun un identifiant unique via son profil Google+. Après avoir basé son algorithme sur popularité, il souhaite dorénavant à développer des dispositifs pour mieux appréhender l'autorité. L'identification de l'auteur est donc la première étape, car elle représente souvent le premier indice d'importance en matière d'évaluation de l'information. L'objectif est de pouvoir proposer pour chaque ressource un lien vers le profil Google. Plus l'usager aura été cerclé, plus il se verra accorder une certaine légitimité.

Il est probable que l'identification d'un spécialiste d'un domaine particulier (via les cercles notamment) va lui conférer une importance plus grande aux yeux du moteur en ce qui concerne la valorisation de sa production. C'était un gros point faible du moteur de recherche de Google jusqu'à maintenant. L'enjeu est de pouvoir identifier plus aisément les experts d'un domaine. La réalisation de cet objectif est plus facile lorsqu'il s'agit de chercheurs qui ont des profils dédiés sur Google Scholar ou sur des plateformes spécialisées. La recherche d'une reconnaissance professionnelle via des mécanismes type « cerclonomies » pourrait s'avérer un élément d'importance sur le futur marché de l'emploi. On imagine bien l'intérêt pour un expert d'être « cerclé » par ses contacts sous une catégorie qui reflète bien ses compétences. Et plus un expert sera cerclé correctement par ses pairs, plus il sera recommandable.

L'objectif de Google+ est donc d'aller plus loin que la tendance qui vise à mesurer l'influence et la notoriété d'une personne via des indices comme Klout. Klout utilise surtout des mécanismes de popularité en mesurant le nombre de *followers* sur Twitter, le nombre de *retweets*, etc. Google cherche davantage à affiner et à savoir qui est vraiment l'auteur et son degré de compétence. Google personnalise de plus en plus les requêtes et affine les résultats en fonction des personnes en contact sur Google+. Le « travail d'évaluation relationnelle » qui consiste à ajouter des contacts et à les catégoriser est récupéré pour affiner les résultats des requêtes et mieux les interpréter.

Désormais, la moindre action sur Google+ sera cataloguée pour personnaliser davantage les résultats. C'est la fin du moteur de recherche universel qui donne la même réponse pour la même requête au même moment. En proposant des résultats personnalisés de plus en plus précis, Google va finir par prétendre savoir ce dont l'usager a réellement besoin bien mieux que l'individu lui-même.

4- Le double numérique

Les +1 de Google correspondent à des bookmarks, les *like* de Facebook sont en fait des favoris. Le vocabulaire des signets sociaux est donc présent dans ces mécanismes sous une forme dégradée dans sa dimension d'indexation, mais augmentée dans sa dimension de contrôle sur les individus.

La liberté offerte dans nos potentialités d'annotation et d'indexation finit par devenir un travail au bénéfice d'autrui et pour d'autres dispositifs de contrôle comme Google et consorts, notamment si elle est réduite à sa plus simple expression : l'impulsion. Si bien que la libération des métadonnées finit parfois par devenir un leurre.

Les enjeux actuels se poursuivent d'ailleurs autour de l'open data[128], cette politique qui consiste à mettre en ligne et libérer un maximum de données publiques afin d'en faciliter l'accès et afin d'offrir à ces données une nouvelle vie via des systèmes qui proposeront de les analyser, de les recouper et de les visualiser.

Finalement, la faible utilisation des signets sociaux dans les résultats de recherche s'explique par le fait que d'autres stratégies sont à l'œuvre. La description fine des individus et de leurs désirs d'achats priment sur la description de documents qui pourraient s'avérer pertinents pour les usagers.

- Retrouver ses marques (plutôt qu'être une marque)

La tendance actuelle consiste à mettre sur le même plan l'identité individuelle et celle des marques.

La position du *personal branding* préconise de gérer l'identité numérique d'une personne, comme si elle était une marque.

128. Simon Chignard, *L'open data. Comprendre l'ouverture des données publiques*, FYP éditions, 2012.

Le *personal branding* privilégie le culte du « moi » face à la culture de soi. Ces stratégies égocentriques sont basées sur la popularité. Des algorithmes tentent de mesurer cette influence, si bien que la quête du *like* peut inciter à diffuser des messages ou des statuts de façon démagogique. L'effet immédiat et calculé prime sur la construction à long terme et l'usage de sa raison pour se constituer sa propre bibliothèque/médiathèque de documents, de ressources.

C'est donc davantage sa marche que sa marque qu'il faut gérer. Une marche en tant que parcours qui laisse des traces, qui entraine des rencontres, des découvertes et permet de laisser des souvenirs. Les tags peuvent constituer des marques en tant que traces de parcours. Le mot « marque-page » peut alors prendre un sens bien plus porteur que celui de favoris ou de bookmarks. À condition de ne pas considérer la page uniquement comme une page d'un livre, mais plutôt comme un « pagus », c'est-à-dire un paysage sur lequel on prend plaisir à revenir régulièrement. L'enjeu culturel est donc de reprendre le contrôle des données pour devenir davantage actif dans la constitution de sa documentation de soi et pour soi et de ne plus demeurer passif en étant « documenté » par des services tiers.

5- L'homme documenté

Initialement, les théories de l'augmentation étaient surtout destinées à accroitre les capacités de traitement de l'information par l'homme selon les travaux de l'ingénieur et pionnier de l'informatique Douglas Engelbart.

L'action de taguer produit un homme documenté à la fois parce qu'il se constitue des ressources catégorisées par lui-même, mais aussi parce que l'action de taguer et ses formes dérivées comme le *like* finissent par constituer un double transformé en document consultable par des services tiers.

L'homme documenté peut être soit l'homme devenu lui-même un document, soit l'homme cultivé. Les deux positions ne sont en fait pas antinomiques, car l'homme documenté est fortement lié aux dispositifs extérieurs, ces supports de mémoire que sont les *hypomnemata*. Cette maîtrise et culture des *hypomnemata* est ce qui fait de l'homme bien documenté, un homme cultivé justement capable de produire sa propre singularité sans qu'elle soit générée par des algorithmes.

Tel le visage de Janus, cette tension entre soi et l'autre, cette différence exprimée par nos diverses actions finit par produire un « autre soi » différé[129], car consultable en tout temps par d'autres dispositifs.

L'homme documenté doit donc maitriser le passage difficile de l'inscription de soi, le *shibboleth* de Derrida. C'est sans doute la différence entre les deux hommes documentés : le majeur et le mineur. Le majeur ne tague pas par impulsion, il remarque avant de marquer. À charge pour lui de devenir remarquable, non pas parce qu'il aura recherché de la popularité éphémère et que son nom soit devenu une requête sur les moteurs de recherche, mais bien parce qu'il aura produit une écriture de soi comme moyen de transmission et d'apprentissage, une forme de leçon de vie. L'étymologie du mot document, *documentum* indique clairement une signification proche de la leçon de vie.

129. Sur la « différance », voir les travaux de Derrida, notamment, *L'écriture et la différence*, Seuil, 1979.

- L'homme bien outillé : un homme augmenté bien documenté

L'environnement informationnel et organisationnel qui entoure les folksonomies est d'essence technique. L'importance de cette relation mérite d'être rappelée, tant cette condition technique n'est pas neutre, mais riche d'influences fastes ou néfastes. Dès lors, l'entremise de ces outils présente le risque de faire oublier les compétences nécessaires pour les utiliser au mieux.

L'homme documenté se doit de maîtriser les techniques et de se montrer capable de choisir les outils tels que ceux pour réaliser une veille ou pour se construire son propre environnement personnel de travail et d'information. Il s'agit donc de demeurer un *homo faber*, qui fabrique lui-même son réseau. Pour cela, il faut donc éviter deux principaux risques de délégation :

- Une délégation qui repose sur la confiance en un outil et basée sur un usage simpliste, laissant de côté les fonctionnalités avancées, si bien que l'usager se montre incapable de réagir et de préserver ses données dans le cas d'une évolution du service voire d'une fermeture.
- Une délégation qui consiste principalement à ne pas se soucier directement des outils et à en confier la gestion à des personnes tierces jugées plus compétentes en jugeant notamment que la technique est secondaire et concerne que les techniciens.

Dans les deux cas de figure, le risque est celui d'une perte de savoirs et de savoir-faire et donc au final de contrôle et de pouvoir. Mais la question est aussi celle du sens de tout cet amas de tags et de données accumulées.

6- Curation et incurie

La curation est devenue à la mode depuis quelque temps pour proposer des outils alternatifs permettant d'organiser des éléments disparates pour leur conférer du sens.

Le terme de curation est imparfait, et son usage excessif est parfois irritant, voire discutable. Toutefois, il présente l'avantage de rappeler que les outils de veille et de classement sont des dispositifs de prise de soin, de cure. La curation s'avère un terme impropre pour décrire ce qui relève surtout d'une écologie de l'esprit. Les dispositifs folksonomiques ne sont réellement utiles que s'ils confèrent à l'esprit de quoi développer des moyens de réflexion et donc de nouvelles idées. Il s'agit de répondre à « l'incurie » qui est également une forme de bêtise. L'incurie est l'absence totale de soin. Tout soin requiert des instruments, mais lorsque ces instruments ne sont plus entre nos mains, alors l'incurie guette. L'incurie, au sens de Bernard Stiegler, désigne ainsi la délégation de sa responsabilité à des techniques de soin que l'on ignore.

- La curation : la tentation d'une réponse par l'outil

L'outil s'avère autant un atout qu'un obstacle qui peut devenir tellement gênant qu'on est tenté d'aller chercher des causes ailleurs. Le fait d'inciter à utiliser une série d'outils pour mieux gérer l'information n'en garantit en rien le succès. Sans réelle médiation, l'outil nouveau peut être rebutant ou l'investissement en temps peut nuire à son développement. Les outils sont fréquemment sous-utilisés pour des raisons sociologiques et techniques. On ne décrète pas le changement.

En outre, le fait de croire qu'un outil supplémentaire permet de répondre dans l'absolu à un nouveau problème détecté est un leurre. Il y a même de forts risques que le nouvel outil ne fasse que dissimuler des dysfonctionnements organisationnels et humains plus profonds. Au final, l'accumulation d'outils accroit le risque d'échouer dans l'objectif initial de curation informationnelle et organisationnelle. En ce sens, l'outil de curation peut s'avérer à terme être autant un poison qu'un remède. Bien souvent à l'inverse, il faudrait commencer par réinterroger les outils déjà utilisés et surtout les pratiques, les manières de penser et de faire. Évidemment, c'est beaucoup plus complexe et cela oblige à de plus amples remises en cause. D'où la tentation de l'innovation proclamée qui oblige à l'adaptation plutôt qu'à un réel processus d'adoption.

Par conséquent, la meilleure curation possible ne vient pas d'un système imposé de manière *top down*, mais de la formation des salariés et des employés afin que ces derniers soient capables d'investir et d'adopter de nouveaux outils pour améliorer leur pratique quotidienne. C'est seulement de cette manière que l'organisation pourra en tirer des bénéfices en utilisant au mieux les compétences dont elle dispose[130].

Les travailleurs du savoir vont disposer de plus en plus d'outils. À eux d'en disposer en mieux et d'inventer de nouvelles pratiques et méthodes s'ils veulent demeurer bien documentés.

130. Christophe Deschamps, *Le Nouveau Management de l'information*, FYP éditions, *op. cit.*

Conclusion

L'homme bien documenté

L'importance d'une documentation « de soi » et « pour soi »

Facebook cherche à poursuivre sa logique du *like* en l'étendant à un autre dispositif : le bouton « want » pour exprimer un désir de possession ou d'achat potentiel et ainsi guider son entourage au sujet des présents qui ferait plaisir à l'individu. Évidemment, ce bouton « want » est aussi la manifestation d'une intention qui ne peut laisser insensibles marchands et publicitaires. Facebook souhaite développer ainsi une base de données précise des intentions d'achats. La logique commerciale serait alors totalement prégnante et l'individu serait surtout considéré sous son angle de consommateur plutôt que sur celui du citoyen.

Les territoires de la documentation échappent au prisme des pionniers, tel Paul Otlet qui cherchait à offrir le meilleur accès à l'information et à la connaissance, pour être peu à peu rattrapé par celui de la marchandisation des individus. Cette impulsion du désir marchand est également mise en avant par le site Svvply (svvply.com) qui produit une liste des produits les plus désirés du moment. Il suffit de manifester son envie en cliquant sur « want ». Évidemment, il est possible d'annoncer également que le désir d'achat a été satisfait et que le produit est désormais possédé.

Dès lors, du fait d'une relative inconscience des processus en œuvre, l'homme devient peu à peu un document comme les autres ou plutôt un produit comme un autre. Un retour sur le document est donc nécessaire.

- Les folksonomies et la documentation

Les folksonomies sont clairement à replacer dans l'histoire de la documentation. On a montré précédemment que le document ne disparait pas dans ces dispositifs, même si on peut être tenté parfois de lui substituer le concept passe-partout de ressources. Pourtant sur Ravelry, le document est au centre du dispositif avec les patrons et modèles qui sont partagés tandis que sur Librarything ce sont les livres papiers ou numériques qui sont les documents centraux. Dans les signets sociaux, les ressources sont justement documentées en adjoignant clairement un titre, un résumé ou des annotations et une forme d'indexation via les tags. Sur les réseaux sociaux numériques, on pourrait être tenté de dire qu'il n'y a pas de documents centraux, or rien n'est plus faux puisque ce sont les individus eux-mêmes qui deviennent des documents au travers de leur double numérique. Les corpus de liens, de tags et d'annotations constituent des formes documentaires nouvelles, mais il s'agit bien d'une forme de documentation. Pourtant, la tendance est toujours de se focaliser sur le prisme informationnel en négligeant les nouvelles sphères de la documentation. À plus d'un titre, c'est une réduction professionnelle et scientifique dommageable.

En latin, le mot *documentatio* (qui a donné documentation) désigne souvent un avertissement ou un rappel. Le mot *documentum* possédant quant à lui trois sens selon le Gaffiot :

1- Celui d'exemple et d'avertissement (c'est-à-dire aussi ce qui sert d'exemple)

2- Celui d'enseignement, de leçon, d'avis

3- Celui de preuve, d'indice, d'indication.

On peut distinguer à partir de cette origine deux hommes documentés : l'homme bien documenté et l'homme mal documenté, celui qui est « fait document »[131]. Cette dichotomie est évidemment caricaturale tant l'homme bien documenté peut surtout constituer un idéal[132]. Les hommes mal documentés semblent hélas plus nombreux.

L'homme bien documenté, dont a dit précédemment qu'il devait être bien outillé, est un exemple à suivre. C'est aussi celui qui transmet, qui peut conseiller, guider voire professer. Il répond également au troisième critère de la définition latine du document, en se montrant capable de distinguer des indices, mais aussi d'en laisser pour un retour ultérieur. Le personnage de Guillaume de Baskerville dans le nom de la rose d'Umberto Eco correspond bien à l'homme bien documenté en renvoyant aux trois dimensions du document : en

131. Quelque part, on y retrouve l'opposition entre identité active et passive.

132. Il est d'ailleurs impossible de prétendre être bien documenté sans assumer une présence numérique. L'espoir d'une non-indexation par les moteurs de recherche et les industries de service s'avérant une mission impossible. Sur ce fantasme, voir mon court roman, *La désindexée,* sur Publie.net, 2012.

constituant un exemple de par son mode de vie, en se montrant apte à transmettre et à enseigner et en sachant analyser les indices et les preuves. On avait rappelé précédemment que le héros d'Eco était une référence à Guillaume d'Ockham. Ce dernier pratiquait avec rigueur l'emploi des concepts. Nul doute qu'il ne taguerait pas sans un minimum de réflexion et de cohérence.

- L'exigence de vérité

L'homme bien documenté se place dans une exigence de vérité. Une exigence qui est aussi celle de la documentation. Cette exigence requiert la capacité à pouvoir filtrer pour se sortir du labyrinthe du numérique, en conférant de la valeur aux ressources, c'est-à-dire étymologiquement en les évaluant. L'évaluation de l'information repose sur : « L'autonomie de jugement, la capacité à penser par soi-même, à distinguer le vrai du faux. "Compétence" qui ne cesse jamais de s'acquérir tout au long de la vie, de se développer, de s'affiner, qui présuppose de longues années d'apprentissage, de lectures, de découvertes, de réflexions personnelles. L'autonomie de jugement échappe, par sa nature même, à toute formalisation, à tout enfermement dans un référentiel, à toute "mise en calculabilité". Elle est insaisissable et entièrement de l'ordre du qualitatif.[133] »

Cela ne signifie pas que cette évaluation ne s'apprend pas, mais qu'elle s'acquiert aussi en dehors des sphères scolaires. Elle s'exerce en tout cas à chaque instant, d'autant que les validations ne passent plus par les anciens filtres traditionnels.

---

133. Alexandre Serres, *Dans le labyrinthe. Évaluer L'information sur internet*, C&F Éditions, 2012.

Cette exigence de vérité dont Paul Otlet soulignait l'importance au point que l'adjectif documenté en devenait quasi synonyme de vrai ou de véridique. Certes, la vérité est souvent relative, mais l'objectif de la documentation est de faciliter son accès en offrant « sur tout ordre de fait et de connaissance des informations documentées.[134] » Paul Otlet distinguait huit qualités primordiales pour les informations à rendre disponibles :

1- Universelles quant à leur ordre de fait ;
2- Sûres et vraies ;
3- Complètes ;
4- Rapides ;
5- À jour ;
6- Faciles à obtenir ;
7- Réunies d'avance et prêtes à être communiquées ;
8- Mises à la disposition du plus grand nombre.

Ces qualités sont aussi celles de l'homme bien documenté qui essaiera de promouvoir des pratiques d'accès à l'information les plus simples et les plus ouvertes possible.

L'homme bien documenté veillera donc à produire une documentation pour soi de qualité afin de pouvoir en faire aussi bénéficier les autres par des mécanismes maîtrisés de veille[135], de curation ou de redocumentarisation en tous genres. Il cherchera aussi à produire une documentation de soi de manière active et non passive. Étape ultime de la gestion de sa présence en ligne et dans les espaces numériques, la documentation de soi n'est pas une accumulation irréfléchie

134. Paul Otlet, Traité de documentation : le livre sur le livre, théorie et pratique, Bruxelles, Éditions Mundaneum, 1934.

135. Sur la dimension de veille, je renvoie à nouveau à mon précédent ouvrage, *La formation aux cultures numériques, op. cit.,* où je montre que la veille doit être comprise dans un sens large en s'opposant à la surveillance.

et encore moins une logique (façon *total recall*) de vouloir tout conserver de nos moindres faits et gestes. Il s'agit plutôt d'une réalisation ordonnée qui puisse justement servir d'exemple, de supports de transmission et d'indication ou de preuve. L'exigence de vérité suppose une qualité qui n'est pas celle de l'exhaustivité, mais celle d'une attention portée et exprimée.

Cette exigence de vérité est aussi celle que Michel Foucault attache au souci de soi (*l'epimeleia heautou* en grec, ou *cura sui* en latin) qu'il définit en trois temps :

« - Premièrement, [...] L'*epimeleia heautou*, c'est une attitude: à l'égard de soi, à l'égard des autres, à l'égard du monde ;

- Deuxièmement, l'*epimeleia heautou* est aussi une certaine forme d'attention, de regard. Se soucier de soi-même implique que l'on convertisse son regard, et qu'on le reporte de l'extérieur, sur... j'allais dire "l'intérieur". [...] Le souci de soi implique une certaine manière de veiller à ce qu'on pense et à ce qui se passe dans la pensée. [...]

- Troisièmement, la notion d'*epimeleia* ne désigne pas simplement cette attitude générale ou cette forme d'attention retournée vers soi. L'epimeleia désigne aussi toujours un certain nombre d'actions, actions que l'on exerce de soi sur soi, actions par lesquelles on se prend en charge, par lesquelles on se modifie, par lesquelles on se purifie et par lesquelles on se transforme et on se transfigure.[136] »

Évidemment, cette prise de soin de l'homme documenté va au-delà des folksonomies dont on a tenté de montrer toutes les dimensions dans cet ouvrage. Mais il est impossible dans

136. Michel Foucault, *L'Herméneutique du sujet. Cours au collège de France (1981-1982)*, Le Seuil, 2001, p. 12-13.

cette prise de soin décrite par Foucault de faire l'impasse désormais sur ces dispositifs de *tagging*, d'annotations et d'impulsions numériques. L'homme documenté n'est donc pas un simple homme augmenté, mais un homme « majoré », c'est-à-dire rendu meilleur.

Ce n'est donc pas seulement la liberté de taguer ce qu'on veut et comme on veut qui importe le plus, mais la liberté tout entière de l'individu qui doit être défendue tout comme son droit à rester maître du sens de ses annotations, de ses marques et de ses tags.

Dorénavant, vous ne taguerez plus de la même façon…

Tags : folskonomies, indexation, annotation, mémorisation, signets sociaux, redocumentarisation.

À vous de taguer désormais.

Biographie

DR

Docteur en sciences de l'information et de la communication, titulaire du Capes de documentation et maître de conférences à l'université de Bordeaux 3, Olivier Le Deuff poursuit ses recherches autour de la culture de l'information et des mutations engendrées par le numérique. Auparavant, il a exercé pendant plusieurs années comme professeur-documentaliste en collège et en lycée et s'intéresse aux nouveaux modes et méthodes d'apprentissage. Il est également l'auteur du blog Le Guide des égarés[*], qui aborde ces diverses thématiques depuis 1999. Il a publié *La formation aux cultures numériques*, FYP éditions, 2011.

(*) www.guidedesegares.info

Remerciements

Aux tagueurs en tout genre, pour qu'ils fassent tomber des murs ;

Aux lecteurs du blog « Le guide des égarés » et notamment à ceux qui me suivent depuis 1999 ;

À mes followers sur Twitter ;

À Alexandre Serres, homme bien documenté qui m'a mené jusqu'ici ;

À tous ceux qui se retrouveront dans cet ouvrage et qui ont inspiré mes propos ;

À ma famille, ma femme Viviane et mon fils Dorian qui est las de me voir écrive des livres et qui préférerait que je sois acteur de cinéma ;

À mes étudiants qui y trouveront matière à réflexion ;

À mon éditeur qui m'a tout fait retaguer et organiser ce texte ;

À ceux qui m'ont tagué, me tagueront, redocumentariseront ou tout simplement me liront.

Achevé d'imprimer en octobre 2012
Imprimé en France sur les presses de l'imprimerie France Quercy
Dépôt légal : octobre 2012
ISBN : 978-2-916571-82-9